행복한 삶 그리고 고요한 죽음

달라이 라마가 전하는 삶과 죽음의 기술

# 행복한 삶 그리고 고요한 죽음

달라이 라마 지음 | 주민황 옮김

# THE JOY OF LIVING AND DYING IN PEACE

하루헌

삶에 대한 나의 의지는

죽음을 맞이하는 나의 설렘과 동일하다.

죽음을 기억하는 것은 내 수행의 한 부분이다.

# 목 차

# 수행을 위한 지침서

우리 마음은 왜 한 순간도 가만히 있지 못하고, 부정적인 생각을 일으키며 괴로워할까? 이런 마음을 과연 길들일 수 있는 것일까? 우리 삶의 목적은 무엇인가? 인간으로 태어나 가치 있게 산다는 것이 무엇일까? 행복하게 산다는 것은 무엇일까? 후회 없이 죽는 것은 가능할까? 이런 질문들을 달라이 라마와 마주앉아 한다면 어떤 답을 얻을 수 있을까?

『행복한 삶 그리고 고요한 죽음(원제: The Joy of Living and Dying in Peace)』은 이런 질문에 대한 해답을 담고 있다. 이 책에 담긴 달라이 라마의 해답은 명쾌하고 간결하다. 번뇌는 일시적인 마음의 장애이며, 마음은 길들일 수 있고, 삶이 고통스럽다고 느껴지는 것은 본질을 알지 못하기 때문이라고 답하고 있다. 지극히 원론적이라 큰 감흥을 주지 못하는 답변일지도 모를 일이다. 하지만 달라이 라마는 인간 본성에 대한 깊은 이해를 바탕으로 우리에게 아주 구체적으로 마음의 본질과 마음을 길들이는 법을 일러주고 있다.

이 책은 LTWA(Library of Tibetan Works and Archives)에서 펴낸 '깨달음에 이르는 수행' 시리즈 가운데 한 권이다. 원서에는 강의를 한 시기와 장소, 교재가 명시되어 있지 않지만 책에 실린 내용을 찬찬히 살펴보면 달라이 라마가 90년 대 중반에 강의한 『입보리행론』을 정리한 것임을 알 수 있다. 『입보리행론』은 티베트 불교 수행의 믿음과 뿌리가 되어 온 논서인데, 지혜를 갖춘 선한 마음인 보리심과 자비심을 키우고 일상을 평화롭게 이끄는 구체적인 방법을 자세히 소개하고 있다. 더 나아가 어떻게 죽음을 맞이할 것인가에 대해서도 말하고 있다. 십 대 시절부터 『입보리행론』을 읽고 이를 바탕으로 수행을 해 온 달라이 라마는 『입보리행론』을 우리의 삶을 행복으로 이끄는 최고의 안내서로 꼽는다. 이 책에서 달라이 라마는 본인의 경험을 바탕으로 삶과 죽음의 본질, 마음의 본질 등을 친절하게 설명하고 있다.

달라이 라마는 우리 시대 최고의 영적 스승이다. 또 최고의 지성으로 꼽히기도 한다. 지성에 수행까지 겸비한 스승이 하는 강의의 큰 매력은 심오하고도 어려운 내용을 쉽고도 간결하게 전달한다는 데 있다. 불교의 핵심을 꿰고 있기에 누구나 이해할 수 있도록 설명하는 것이 가능할 것이다. 달라이 라마의 강의가 갖는 또 다른 특징이라면 구체적이고도 논리적이라는 것이다. 이는 티베트 불교의 특징이기도 하다. 티베트 불교에서는 구체적인 설명을 좋아한다. 그래서 주석서가 많다. 티베트는 인도에서 불교를 받아들이면서 인도 불교 문헌들을 정통으로 삼았는데 인도 수행자들이 쓴 논서에는 가르침의 정수만 간결하게 적어 놓은 경우가 많다. 그래서 후대에 논서의 내용을 둘러싸고 논쟁이 벌어지는 일이 많았는데 티베트인들은 인도의 논서를 잘못 해석하는 일을 막기 위해서 주석서들을 많이 저술했다. 이런 전통을 이어받은 달라이 라마의 강의는 상세한 주석서를 읽는 것 같은 인상을 주곤 한다. 청중이 강의 주제를 정확히 이해할 수 있도록 구체적으로, 논리적으로 꼭꼭 집어 설명하는데 이 책에도 그런 특징이 잘 반영되어 있다.

이 책에서는 삶의 목적을 실현하기 위해서 어떻게 살 것인가 하는 주제만큼이나 어떻게 죽을 것인가 하는 주제가 광범위하게 거론되고 있다. 이 또한 티베트 불교의 특징이다. 티베트 불교에서는 '어떻게 살 것인가' 하는 주제만큼이나 '어떻게 죽을 것인가' 하는 주제에 천착한다. 삶만큼이나 죽음이 중요한 것은 죽음이 또 다른 삶이 시작되는 계기가 되기 때문이다. 그래서 티베트 스승들은 삶을 가치 있게 살기 위해 예측할 수 없는 죽음을 사유하도록 하고, 또 한편으로는 '나'를 내려놓는 수단으로 죽음을 사유하게 한다. 그래서 삶과 죽음의 문제를 사실 그대로 바라볼 수 있는 힘을 기를 수 있도록 한다.

평온하게 산 사람이 고요하게 삶을 마감하고, 고요하게 죽음을 맞이해야 다시 평온한 삶을 시작할 수 있다. 행복하기 위해서는 마음이 평온해야 하고, 마음이 평온하기 위해서는 착한 사람이 되어야 한다. 착한 사람이 되려면 자신의 마음을 잘 살펴야 한다. 그래서 수행이 필요한 것이다.

수행을 하려면 무엇을 해야 하는지, 어떻게 해야 하는지, 그 해답을 찾고 있는 독자라면 이 책에서 그 해답을 찾을 수 있을 것이다.

주 민 황

# 지금 우리는 다행스럽게도
# 사람의 몸을 받았다

이 강의 내용은 불교를 깊이 연구하거나 공부할 겨를이 없는 사람들을 위한 것이다. 그리고 이미 이전에 설명한 내용이다. 새로운 지식을 얻기 위해 이 책을 집었다면 굳이 읽을 필요가 없다. 하지만 이 책에 실린 내용을 읽고 마음에 깊이 새겨 자신을 바꾸려고 한다면 적극적으로 활용하기 바란다. 지금부터 설명하는 내용들은 그저 가볍게 한번 읽어 보는 것만으로는 충분하지 않다. 거듭 거듭 읽어 깊이 새기고 실천할 때 실제로 도움이 될 것이다.

부처님은 이와 같이 말씀하셨다. "악행은 행하지 말고 선행을 쌓아 마음을 온전히 바꾸어라. 이것이 나의 가르침이다." 우리가 부처님의 가르침을 따르는 까닭은 고통을 피하고 행복을 바라기 때문이다. 고통은 악행의 결과로 오고, 행복은 선행의 결과로 온다. 악행을 끊고 선행을 쌓는 것은 겉으로 드러나는 말과 행동을 바꾸는 것만으로는 가능하지 않다. 마음을 바꾸어야 가능한 일이다.

일상생활에서도 일을 효율적으로 하려면 목표를 정해야 한다. 그 다음에 목표가 실현 가능한지를 판단한다. 수행도 그렇다. 수행에서 우리의 목표는 니르바나Nirvana(열반)와 부처의 경지(성불)를 성취하는 것이다. 니르바나에 이르기 위해, 부처의 경지에 이르기 위해 우리는 수행을 하는 것이다. 인간으로 태어난 우리는 다행스럽게도 이 목표들을 달성할 수 있는 능력을 갖추고 있다. 우리가 추구하는 깨달음이란 혼란스러운 생각의 무거운 짐에서 벗어나는 것이다. 마음은 본래 맑고 깨끗하다. 마음을 괴롭히는 혼란스러운 감정인 번뇌는 일시적인 결함이다. 우리 뇌세포의 일부를 제거한다고 해서 부정적인 감정들을 제거할 수 있는 것은 아니다. 고도로 발전한 외과 수술로도 번뇌를 제거하지 못한다. 부정적인 감정인 번뇌를 제거할 수 있는 유일한 방법은 마음을 바꾸는 것이다.

불교에서는 마음을 윤회의 주요 원인이라 가르친다. 그러나 마음은 생사윤회에서 벗어나도록 하는 주요 원인이기

도 하다. 부정적인 생각과 부정적인 감정을 통제하고 긍정
적인 생각과 긍정적인 감정을 키우면 윤회에서 벗어날 수 있
다. 물론 윤회에서 벗어나자면 인내심을 갖고 부단히 노력
을 해야 한다. 이 점을 인식하는 것이 대단히 중요하다. 즉
각적으로 결과가 나타날 것이라고 기대하면 안 된다. 과거
위대한 수행자들을 떠올려 보자. 그들은 깨달음에 이르기
위해 기꺼이 고난을 겪었다. 가장 대표적인 예가 바로 석가
모니 부처님이다.

## 스스로 깨어난 존재

석가모니 부처님은 모든 중생에 대한 자비심이 동기가 되어
이천오백 년 전 인도에서 태어났다. 왕자로 태어났다. 어릴
때부터 지혜롭고 자비로웠으며, 누구나 행복을 바라고 고통
을 바라지 않는다는 것을 알았다. 고통은 항상 외부에서 오
는 것이 아니다. 고통에는 기아와 가뭄 같은 문제만 포함된
것이 아니다. 그런 것만이 고통이라면 음식을 쌓아 두면 고
통을 피할 수 있을 것이다. 그러나 늙고 병들고 죽는 고통은
우리 존재의 본성과 관련된 문제들이며 외부 조건들을 가지
고는 없앨 수 없다. 더욱이 우리는 온갖 문제에 취약한 길들
여지지 않은 마음을 갖고 있다. 이 마음은 의심이나 분노 같
은 부정적인 생각으로 괴로워한다. 우리 마음이 이 부정적

인 생각에 시달리는 한 부드럽고 편안한 옷을 입고 맛있는 음식을 먹어도 우리의 문제를 해결하지 못한다.

석가모니 부처님은 이 모든 문제들을 관찰하고 존재의 본성을 숙고했다. 부처님은 모든 인간이 고통을 당한다는 것을 깨달았고, 길들여지지 않은 마음 때문에 불행을 겪는다는 것도 알아냈다. 밤에 잠을 이루지 못할 정도로 마음이 종종 거칠어진다는 것도 알았다. 부처님은 수많은 고통과 다양한 문제들을 지켜보고 직시하면서 지혜롭게도 고통과 문제를 해소할 수 있는 방법들을 스스로에게 물었다.

왕궁에서 왕자로 사는 것은 고통을 해소하는 길이 아니라 오히려 방해가 된다고 판단했다. 그래서 부인과 아들을 포함해 왕궁의 안락한 삶을 포기하고 고행을 선택했다. 해답을 찾는 과정에서 많은 스승에게 묻고 가르침을 받았다. 스승의 가르침이 도움이 되긴 했지만 고통을 없애는 방법을 묻는 질문을 궁극적으로 해결해 주지는 못했다. 그래서 육년 동안 고행을 했다. 왕자로서 누렸던 안락한 일상을 모두 포기하고 혹독한 명상 수행을 통해 지혜를 쌓아 갔다. 보리수 아래 앉아서 온갖 유혹을 물리치고 마침내 깨달음에 이르렀다. 그 다음에 자신의 경험과 깨달음을 바탕으로 세상에 가르침을 전하기 시작했다. 법륜을 굴렸다.

지금 우리가 말하고 있는 부처님은 '태어날 때부터 부처'

였던 그런 존재가 아니다. 부처님도 우리와 똑같이 시작했다. 우리와 같이 태어나서 늙고 병들고 죽는 과정에서 비롯되는 고통을 고스란히 겪은 그런 평범한 존재였다. 우리들처럼 다양한 생각과 감정, 행복한 느낌과 고통스러운 느낌을 가진 존재였다. 하지만 강력하고도 통합적인 수행으로 다양한 단계의 도를 성취하고 마침내는 깨달음을 얻었다.

우리는 부처님을 본보기로 삼아야 한다. 우리는 다행스럽게 자유로운 인간으로 태어났다. 다양한 고통을 겪고 있기는 하지만 지성과 인지 능력을 갖추고 있다. 그런 우리가 부처님의 광대하고 심오한 가르침도 만났고 게다가 이해력도 갖추고 있다. 석가모니 부처님 당시부터 지금까지 불교 수행자들은 부처님과 훌륭한 스승들을 영감의 원천으로 삼는다.

우리가 지극히 평범한 사람으로 태어났지만 다르마 Dharma(대문자로 표기할 때는 부처님의 가르침을 의미하고, '법'으로도 표기한다.)를 제대로 깨닫기 위해 죽기 전에 이 소중한 기회를 잘 활용해야 한다. 인간으로 태어난 이 소중한 기회를 잘 활용한다면 죽음을 두려워할 필요가 있겠는가! 인간이 지닌 잠재력을 충분히 활용하는 훌륭한 수행자라면 후회 없이, 고요한 마음으로 죽음을 맞이할 것이다. 인간으로 태어나 선한 업業(카르마)을 쌓지 못하고 악한 업을 쌓는다면 소중한 잠재력을 낭비하는 셈이다. 인간을 포함해 살아 있는 생명체에게 고통을 주고, 해악을 끼치면서 산다면 악마나 다름없다. 인간이라 여기기 어렵다. 인간의 몸을 받은 이 생애를 파괴적이지 않게, 가치 있게 살아야 한다.

세상은 때로 종교의 이름으로 전쟁을 일으키기도 한다. 종교의 가르침을 제대로 실천하지 않고 이름에만 매달릴 때 전쟁이 발생한다. 종교 수행은 제멋대로 구는 우리 마음을 다스리는 것이다. 마음에서 부정적인 생각이 일어나는 것을 방치하거나 제어하지 못할 때 다르마는 자만심을 부추기는 도구로 전락하고 전쟁의 원인이 되기도 한다. 반면에 마음을 바꾸기 위해 종교를 믿고, 수행을 한다면 갈등의 원인이 될 가능성은 전혀 없다.

너무나 많은 사람들이 입으로만 '다르마'를 외친다. 그들은 부정적인 생각을 없애기 위해 '다르마'를 활용하는 것이 아니라 '다르마'를 소유물로 여기고 심지어 자신들을 다르마의 주인으로 착각한다. 이런 자들은 종교를 이용해 전쟁을 일으키고, 파괴적인 행동을 일삼는다. 우리가 불교도, 힌두교도, 기독교도, 유태교도, 이슬람교도, 그 무엇을 지칭하든 이름표에 만족해서는 안된다. 중요한 것은 어떤 종교가 되었건 그 가르침을 잘 이해하고, 종교적 가르침을 통해 길들여지지 않은 마음을 바꾸는 것이다. 불자인 우리는 석가모니 부처님을 본보기로 삼아야 한다.

　석가모니 부처님의 생애를 설명을 할 때 가끔 염려스러운 대목이 있는데 바로 '육 년 고행'이다. 석가모니 부처님의 가르침은 다양한 맥락에서 해석될 수 있겠지만 '육 년 고행'을 다르게 해석할 여지는 그다지 없다. '육 년 고행'은 편히 자고, 쉬고, 온갖 안락함을 누리면서는 마음을 바꿀 수는 없다는 사실을 증명하고 있다. 오랫동안 열심히 노력도 하고 고난도 겪어야 깨달음에 이를 수 있다는 것을 보여 준다. 아무 노력도 없이, 짧은 시간에 모든 수행의 단계를 성취하고, 깨달음을 성취하기란 거의 불가능하다는 것을 보여 준다. 우리의 근본 스승인 석가모니 부처님마저도 육 년 동안 고행을 했는데 우리 같은 사람들이 어떻게 쉴 것 다 쉬고, 누릴 것 다 누리면서 깊은 깨달음을 얻고, 부처가 되기를 바랄 수 있는가? 위대한 수행자들의 전기를 보면 대개 외떨어진 곳에서 홀로 용맹정진을 한 연후에야 깨달음에 이르렀음을 알 수 있다. 위대한 수행자들조차도 지름길을 선택하진 않았다.

## 믿음 보다는 지성과 지혜

석가모니 부처님에게 진정으로 귀의를 한다면 반드시 부처님을 본보기로 삼아야 한다. 수행과 고행을 할 때 중요한 것은 시작점을 제대로 아는 것이다. 기를 쓰고 고행을 한다고 해서 깨달음에 이르는 것은 아니다. 부처님의 가르침에 귀의할 때, 믿음과 헌신도 필요하지만 지성과 지혜가 필요하다. 물론 믿음과 헌신을 통해 어떤 정신적 발달을 성취할 수도 있겠지만 깨달음과 니르바나에 이르려면 지혜가 필요하다.

우리가 아직 갖지 못한 긍정적인 품성을 향상시키고, 이미 향상시킨 품성을 강화하고 발달시키려면 다양한 단계의 지혜를 이해하는 것이 중요하다. 우리의 지성과 지혜를 올바른 주제에 집중하는 것이 중요하다. 훌륭한 지성을 가졌다고 해도 기회가 주어지지 않는다면 우리의 지성을 올바른 주제에 집중할 수가 없다. 지혜를 발달시키려면 적절한 가르침에 우리의 지성을 활용할 기회를 찾아야 한다. 그렇기 때문에 석가모니 부처님은 우리에게 맹목적인 믿음만을 강요하지 않았다. "나를 믿으라."라는 말로 모든 문제를 해결하려 하지 않았다. 처음에는 사성제四聖諦(네 가지 고귀한 진리)를 가르쳤고, 이를 토대로 다양한 가르침을 폈다. 부처님은 우리가 따라야 할 도를 단계별로 설계하고, 순차적으로 제시했다.

티베트어로 번역된 대장경만 해도 108권이 넘는다. 이는 석가모니 부처님의 가르침이 광범위함을 입증하는 것이다. 티베트어로 미처 번역되지 않은 경전도 많다. 진정한 믿음과 지혜는 올바르게 공부를 한 결과로 생기는 것이다. 우리는 지혜를 키우는 이 가르침을 이해하고 수행하면서 동시에 자비를 키우는 수행도 해야 한다. 그러면서 점차 마음을 길들이는 것이다. 불교 철학에서는 사물이 외부 요인에 의해 창조되거나 유발된다고 믿지 않는다. 또 사물이 영원불변한 원인에서 생긴다고 믿지도 않는다. 행복과 고통의 원인도, 행복이나 고통을 경험하는 것도 모두 자신의 행동에서 비롯된다고 본다. 행동 또한 마음의 상태 — 길들여졌는지 아닌지 — 에 달렸다고 본다.

일상에서 발생하는 여러 문제, 우리가 겪는 고통은 길들여지지 않은 마음으로 인해 비롯된다. 따라서 우리의 행복은 사실 우리 자신에게 달려 있다. 온전히 자신이 책임져야 한다. 누군가가 행복을 가져다줄 것이라고 기대하면 안 된다. 행복을 누리고 싶으면 행복의 요인들을 찾아내서 키워야 한다. 고통을 피하고 싶으면 고통의 원인들을 찾아내서 없애야 한다. 우리가 무엇을 취하고, 무엇을 버려야 하는지를 안다면 자연스럽게 기쁨을 누릴 것이다.

## 고통을 해소하는 진리

고통의 뿌리는 무지(무명無明: 거짓되고, 실체가 없는 것을 진실이라고 왜곡하는 것을 말한다.)다. 여기서 무지는 '자아'에 대한 오해를 의미한다. 우리가 겪는 무수한 고통들이 이 오해에서 비롯된다. 부처님이 자비심으로 잘못된 견해를 모두 없앴다는 말은 부처님이 모든 중생을 돕기 위해 일하는 자비심을 가졌다는 뜻이다. 부처님은 모든 중생을 돕기 위해 잘못된 견해와 부정적인 생각이 없는 다양한 단계의 가르침을 주었다. 그러므로 올바른 견해를 이해하고, 올바른 견해를 실천하면서 이 가르침을 따르는 사람들은 고통을 없앨 수 있다. 부처님이 이렇게 훌륭한 가르침을 우리에게 주었기에 경의를 표하는 것이다.

우리가 부처님을 믿을 만한 귀의의 대상으로 삼는 까닭은 처음에 자비심을 일으킨 다음에도, 쉼 없이 자비심을 일으키고, 키우고, 평생 동안 향상시켰기 때문이다. 일상에서도 어떤 사람이 믿을 만한지는 그 사람이 자비심을 가졌는지에 달려 있다. 자비심은 한 개인의 신뢰도를 판단할 때 결정적인 척도가 된다. 자비심이 없는 사람이라면 그가 아무리 교육을 많이 받고, 지식을 갖추었다고 해도 신뢰하기 어렵다. 교육만으로는 부족하다. 사람으로 하여금 다른 중생을 돕도록 만드는 기본 미덕은 자비심이다. 자비심이 있는 사람, 즉 다른 중생을 도우려는 마음이 있는 사람이라면 그를 믿어도 된다. 우리를 맡길 수 있다. 석가모니 부처님의 미덕 가운데 가장 중요한 미덕은 바로 다른 중생을 돕고자 하는 마음 ─ 자비심 ─ 이다. 부처님은 자비심을 스스로 키

왔기에 자비심의 중요성을 설명할 힘과 능력을 갖고 있었다. 부처님은 자비로운 존재이기에 스승으로 삼고, 우리를 맡길 수가 있다.

불교의 창시자인 석가모니 부처님은 우리가 안심하고 의지할 수 있는 확실한 분이다. 틀림없는 분이다. 하지만 틀림없는 존재라는 이유만으로는 설명이 부족하다. 우리에게 보여 준 본보기를 어떻게 따라야 할지를 알아야 한다. 잘못된 수행법은 버리고 옳은 수행법은 따르고, 향상시키는 방법을 알아야 한다. 부처님의 가르침을 온전히 체험하지는 못했어도 조금이라도 이해한다면 우리가 마주하는 고통과 문제들을 현명하게 대처할 것이다.

어떤 두 사람에게 같은 문제가 발생했다고 가정해 보자. 부처님의 가르침을 이해하는 정도에 따라 상황을 대처하는 자세나 마음가짐이 완전히 다를 것이다. 어렵지 않게 짐작할 수 있는 일이다. 부처님의 가르침을 이해하지 못한 사람은 고통이나 문제를 제대로 파악하고 진정하기는커녕 분노, 질투, 두려움 같은 감정에 휘말려 상황을 더 악화시킬 가능성이 높다. 수행을 조금이라도 한 사람이라면 상황을 보다 정확하게 파악하고 현명하게 대처할 것이다. 부처님의 가르침을 조금이라도 이해하고 있다면 고통에서 완전히 벗어나지는 못해도 자신을 둘러싸고 있는 문제들을 보다 현명하게 풀어갈 것이다. 그러므로 부처님의 가르침은 일상생활에서도 실제 도움이 된다.

윤회(삶과 죽음과 환생이 끊임없이 되풀이 되는 상태를 말한다. 인간은 이 상태에 머물고 있으며, 과거의 행동과 생각으로 생긴 카르마, 즉 업으로 인해 계속 이 상태에 머문다.) 세계는 가을 하늘에 떠 있는 구름처럼 일시적이다. 중생이 윤회계에 태어나고 죽는 것은 마치 배우들이 무대에 올랐다가 내려오는 것과 비슷하다. 모든 것이 늘 변하기 때문에 우리는 지속적인 안정감을 갖지 못한다. 지금 우리는 다행스럽게도 인간으로 태어나는 행운을 누리고 있다. 짐승이나 지옥 중생들과 비교해 보면 인간의 삶은 대단히 소중하다. 그러나 우리가 소중하게 여기는 이 삶 역시도 결국엔 죽음으로 마무리된다. 태어나는 순간부터 죽음을 맞이하는 순간까지, 우리 삶을 찬찬히 살펴보면 영원한 행복도 영원한 안정도 없다는 것을 알 수 있다.

우리는 태어나는 순간부터 고통과 함께한다. 태어난 다음에는 늙고 병드는 고통을 경험하고, 원하는 것은 얻지 못하고, 원치 않는 것과는 마주해야 하는 상황 속에서 고통을 경험한다. 우리가 경험하는 고통 중에는 전쟁처럼 일부 문제들은 인간이 만든 것도 있지만 우리가 윤회계에 태어나는 한, 번뇌의 감정들이 마음속에 독버섯처럼 자라고 있는 한은 영원한 평화와 영원한 행복을 누릴 수 없다. 독성이 있는 나무에는 잎은 물론 가지, 뿌리, 열매, 꽃에도 독이 있다. 우리 존재 자체가 번뇌의 지배를 받고 있기 때문에 결과적으로 우리는 고통과 문제를 만날 수밖에 없다. 아프고 병들고 죽는 고통은 윤회하는 중생의 본성이다. 따라서 아프거나 죽을 때 놀라거나 두려워할 필요가 없다. 병들고 죽는 것이 싫다면 윤회를 끝내야 한다. 환생을 멈춰야 한다. 하지만 욕심, 분노, 어리석음이라는 근본 번뇌가 우리 마음속에 있는 한 원치 않는 윤회는 반복될 것이다. 마음에서 번뇌('내면이 괴로운 것'이라는 의미)가 일어나면 우리는 평화로울 수가 없다. 그래서 번뇌를 없애는 방법을 아는 것이 중요하다.

번뇌의 감정들은 마음과 동일한 본성을 가진 것이 아니다. 만약 번뇌와 마음의 본성이 동일하다면 마음이 있는 곳에는 어디에나 번뇌의 감정들도 있어야 할 것이다. 그런데 실제로는 그렇지 않다. 예를 들어, 성질이 고약한 사람이 있다고 하자. 그 사람의 성질이 대체로 고약할 수는 있지만 하루 종일 고약하게 굴고, 내내 화를 내겠는가. 성질이 고약한 사람이라고 해도 가끔은 웃기도 하고, 때로는 느긋하게 굴기도 할 것이다. 그러므로 강한 번뇌의 감정들이라도 마음과 불가분의 것은 아니다. 근본적으로 번뇌와 마음은 별개다.

번뇌는 무지(무명)에 의존하고 있다. 촉감이 우리 몸 전체에 퍼져 있듯이 무지도 모든 번뇌의 감정에 스며들어 있다. 무지와 무관한 번뇌는 없다. 따라서 우리는 무지가 무엇인지를 알아야 한다. 무지는 모든 번뇌의 감정을 포함하고 있는 부정적인 마음 상태다. 이 마음 상태는 매우 강력하기조차 하다. 우리를 윤회 속으로 밀어 넣는 것이 바로 이 무지다. 무지 또는 '자아에 대한 오해'가 아무리 강해도 그것은 그릇된 의식이다. 이 무지를 없애려면 긍정적인 마음 혹은 의식에 의존해야 한다. 그러면 무지를 없앨 수 있다. 마음의 본성은 명료함과 자각이다. 마음의 근본 본성에는 번뇌의 감정들이 없다. 번뇌는 일시적으로 일어나는 마음의 장애 현상이다. 따라서 번뇌의 감정들은 마음의 근본 본성에서 제거될 수 있다. 마음의 본성은 명료함과 자각이기 때문에 언젠가 마음을 깨닫게 될 것이다.

아직 이 사실을 확인시켜 줄 만한 경험을 못했을지도 모른다. 하지만 공부하고 논리와 분석을 활용한다면 마음의 장애를 없앨 수 있다는 확신이 생길 것이다. 일반적으로 번뇌의 감정들이 없는 상태, 즉 니르바나가 있고 우리 마음은 그 상태에 이를 수 있다. 우리가 고통을 원하지 않고, 고통을 더 이상 겪지 않고, 니르바나에 이르는 것이 가능하기 때문에 고통을 명상하는 것이다. 명상의 목적이 여기에 있다. 윤회하는 세계에 고통의 본성이 있다는 사실을 안다면 우리는 계율·선정·지혜를 증진시키기 위해 수행을 할 것이다. 그런 다음에는 눈앞에 아무리 아름다운 사물이 있어도 속지 않고, 그것 역시 고통의 본성을 갖고 있다는 사실을 알아차릴 것이다.

니르바나에 이르고자 하는 열망을 키우려면 다음 생에 좀 더 나은 환경, 좀 더 나은 조건을 갖추고 태어나겠다는 뜻을 품어야 한다. 하지만 그전에 먼저 현생의 중요성을 인식해야 한다. 현생의 유용함을 알지 못하고, 자애와 자비를 키워 보다 착하게 사는 법을 알지 못하면서 다음 생에 더 높은 미덕들을 성취할 가능성을 운운하는 것은 무의미한 일이다. 윤회에서 벗어나는 것이 가능하기에 부처의 경지에 이르겠다는 열망을 키우는 것이다. 이것은 아주 중요하다. 모든 중생이 우리처럼 행복을 원하고, 고통을 싫어한다는 것을 깊이 생각한다면 반드시 부처가 되겠다는 동기를 강화할 수 있다. 따라서 우리 각자는 뭇 중생을 최고의 경지인 부처의 경지로 이끌겠다는 약속을 할 수 있다. 그 목적을 위해 우리는 자비와 지혜의 공덕을 발달시키는 수행을 포함해 부처의 경지로 이끄는 도道에 익숙해져야 한다.

## 수행자의 의지처, 다르마

경전에 보면 해탈을 원하는 사람은 부처님, 부처님의 가르침, 승가에 의지하라고 쓰여 있다. 사람들은 살아가면서 다양한 대상에 의지한다. 뜨거운 햇볕이 내리쬘 때는 나무 그늘에 의지하고, 배가 고플 때는 음식에 의지한다. 일시적인 이익이나 소원을 빌 때는 신이나 심지어 정령들에게 의지하기도 한다. 다양한 종교에서 다양한 방법으로 의지할 대상을 찾는다. 불자라면 니르바나, 즉 '고통이 소멸된 상태'가 의지처가 되어야 한다.

평화로운 상태인 니르바나란 어떤 것인가? 우리가 바라지 않는데도 고통을 겪는 것은 마음이 번뇌의 지배를 받기 때문이며, 이 길들여지지 않은 마음 상태로 인해 우리가 악업을 쌓기 때문이다. 그러므로 길들여지지 않은 마음 상태가 고통의 원인이다. 번뇌의 감정들을 일으키는 다양한 원인을 없앤다면 고통은 사라진다. 고통이 사라진 상태를 니르바나 ─ 진정한 행복을 느끼는 상태, 지속적인 행복을 누리는 상태 ─ 라고 부른다. 이런 까닭에 부처님의 가르침인 법이 우리의 실제 의지처가 되는 것이다.

고통이 사라진 상태, 즉 니르바나에 이르기 위해서는 진정한 '도'를 따라야 하다. 진정한 '도'란 긍정적인 품성을 발달시키는 것까지 포함한다. 우선 우리 마음이 무지, 혼란, 착각의 영향을 받고 있다는 사실을 인식하는 데에서부터 시작되어야 한다. 우리가 현상의 본성을 조금씩 이해하기 시작하면서 '사물에 본래 고유한 실체가 있는가?' 하는 의심을 할 것이다. 그리고 평소 애지중지하던 대상을 새롭게 인식할 것이다. 거기에는 본래부터 존재하는, 고유한 실체가 없다는 것(공성)을 알게 될 것이다. 마찬가지로 우리를 화나게 하는 '사물에도 내재하는 존재가 없다'는 것을 알게 될 것이다. 이와 같은 이해 방식에 익숙해지면 우리는 더 깊이 깨달을 것이며, 궁극에는 현상의 본성인 공성까지도 깨닫는 지혜를 갖출 것이다. 이것은 어둠 속에서 불을 밝히는 것과 같다. 하지만 우리가 전등 스위치를 켤 때처럼 순간 무지의 어둠이 사라지면서 우리 마음이 갑자기 깨달음을 얻을 수 있다는 뜻은 아니다. 마음의 긍정적인 품성은 점진적으로 향상된다.

사랑과 자비심을 발달시키는 좋은 가르침들은 다른 종교에도 많지만 사물에는 본래부터 변하지 않는 내재적 존재가 없으며 다른 것에 의지해서 존재한다고 설명하는 종교는 불교뿐이다. 모든 현상의 본성인 공성을 깨달아 얻어지는 해탈의 상태를 설명하는 것은 불교뿐이다. 그러므로 해탈이나 열반을 열망하는 사람들은 필연코 부처님과 부처님의 가르침, 승가 — 삼보三寶 — 에 의지를 해야 한다. 이것이 자비로운 부처님의 가르침이다.

삼보에 의지할 때는 절벽에 매달린 사람이 밧줄을 붙잡

는 것과 같아야 한다. 믿음에는 몇 단계가 있는데 첫 단계는 청정하고 명백한 믿음이다. 불법승 삼보의 진가를 인정하는 믿음이다. 그 다음 단계는 신뢰에서 비롯되는 믿음이다. 마지막 단계는 염원하는 믿음이다. 이 염원하는 믿음이 중요한 이유는 불법승 삼보의 진가를 인정하는 것에 그치지 않고 부처의 경지에 이르기 위해 수행하고, 법을 익히고, 승가의 구성원이 되기 위해 노력하기 때문이다. 이렇게 노력한다면 다음 생에 좋은 세계에 환생할 것을 확신할 수 있다. 일상생활에서 진지하게 수행을 한다면 죽을 때 후회할 까닭이 없다. 죽음을 맞이할 때 중요한 것은 도덕적인 마음가짐과 청정하고 긍정적인 동기를 유지하는 것이다. 평생 수행을 했다면 그렇게 할 수 있을 것이다. 사는 동안에 수행에 전념하지 못했다고 해도 죽음을 맞이할 때 정신을 바짝 차리고 착한 생각을 한다면 분명 다음 생에 좋은 세상에 태어날 것이다.

위대한 스승, 총카파가 저술한 『깨달음으로 나아가는 수행의 단계(람림Lamrim)』를 공부하면 큰 도움이 된다. 『람림(초심자가 완전한 깨달음을 얻고 보살의 서원을 완성해 가는 과정이 단계별로 제시되어 있다.)』을 공부하다 보면 수행의 단계에 따라 진지하게 노력을 해야겠다는 생각이 들 것이다. 수행의 단계에 따라 수행을 한다면 진전이 있음을 분명히 느낄 것이다. 깨달음에 이를 수 있을지도 모른다. 자신이 그다지 지성적이지 못해 훌륭한 가르침을 익히지 못할지도 모른다는 걱정을 할 필요도, 지레 겁먹을 필요도 없다. 여기서 포기한다면 훌륭한 가르침을 공부할 기회는 다시 오지 않을 것이다. 아주 작은 벌레는 물론 살아 있는 모든 생명체는 부처의 본성(불성佛性)을 지니고 있다. 인간으로 태어난 우리에게는 부처님의 가르침을 이해할 수 있는 능력은 물론 익힐 수 있는 기회까지 주어졌다.

부처님의 가르침을 듣고 읽는 동안에 자신의 마음과 연결시키려고 애써야 한다. 마음의 결함은 찾아내고, 긍정적인 품성은 향상시켜 마음을 더 나은 방향으로 개선해야 한다. 자신의 결함을 살피지 못하면 어떤 개선도 있을 수 없다. 세심하게 주의를 기울이지 않으면 일반적으로 자신의 결함을 알 수 없다. 그렇기 때문에 결함이 없다고 우길 수 있는 것이다. 그래서 자신을 점검하는 것은 대단히 중요하다. 일반적으로 사람들은 일상생활에서 자신의 언행에 주의를 기울이지 않는다. 이는 몸에 밴 습관이다. 그러므로 우리의 마음을 살피고 다듬는 데 도움이 되는 부처님의 가르침을 듣는 것이 중요하다. 내가 많은 경험을 했다고 할 수는 없지만 내 경험에 비추어 보면, 부처님의 가르침을 바탕으로 마음을 살피기 위해 노력하면 인간의 정신은 훌륭하게 발전한다. 이것은 내가 확실히 보증한다.

우리가 운이 좋아 인간으로 태어나 자유롭게 살 수 있는 소중한 기회를 얻었으나 이 삶이 영원한 것은 아니다. 조만간 우리는 죽음을 맞아야 한다. 불행하게도 지옥에 태어나거나 짐승으로 환생한다면 부처님 법을 만날 기회조차 없을 뿐만 아니라 다양한 고통에 시달릴 것이다. 그러니 지금 생은 물론 다음 생에서도 수행을 해야 한다. 수행을 통해 마음의 품성을 향상시키고, 부정적인 성향을 없애고, 좋은 품성을 유지해야 한다. 수행을 하는 것은 참으로 중요하다. 이를 통해 고통이 소멸되는 진리(멸제滅諦)와 고통을 소멸하는 진리(도제道諦)를 깨닫고, 이해할 것이다. 부처님의 첫 가르침인 사성제를 제대로 이해하면 부처님이 얼마나 믿을 만하고 확실한 스승인지를 인정하게 될 것이다. 그리고 부처님의 가르침을 더욱 깊이 이해하게 될 것이다.

인간이나 천신 같은 존재로 태어나는 것만으로는 부족하다. 번뇌를 없애지 못한다면 지속적인 기쁨이나 평화를 누리기가 어렵다. 고통이 소멸되는 진리인 멸제와 고통을 소멸하는 진리인 도제를 조금씩 이해하기 시작하면 번뇌를 없앨 수 있는 강력한 해결책이 있으며 또한 번뇌를 소멸하는 것이 가능하다는 사실을 알게 된다. 그때 고통이 완전히 사라진 상태, 즉 니르바나에 이르고자 하는 열망이 강하게 일어날지도 모른다. 그런데 이것만으로도 부족하다. 여기서 더 나아가 모든 중생이 고통에서 벗어나는 것을 돕기 위해 부처의 경지에 이르겠다는 마음을 키워야 한다.

나는 내 경험을 바탕으로 부처님의 가르침을 설명하겠다. 그래야 독자들 마음에 보다 효과적으로 전달될 것이라 생각된다. 수행을 하는 우리는 멀리 내다보아야 한다. 단단한 기초를 쌓는 것으로 시작해서 정신적 가치를 세워야 한다. 그러자면 시간이 좀 걸릴 것이다. 장기적인 안목을 가져야 한다. 기초를 잘 다진 다음에 꾸준히 노력해야 한다. 그러면 가치 있는 결실을 얻을 것이다. 부처의 경지에 이르겠다는 목표가 아주 요원하게 느껴질지라도 일상 수행에서는 기초부터 시작해서 그 기반을 세워야 한다. 그러면 마침내는 깨달음에 이를 것이다. 수행을 하려면 무엇을 해야 하는지, 어떻게 해야 하는지를 알아야 한다. 그래서 이와 같이 우리가 가르침을 읽고, 듣는 것이다.

# 행복한 삶에 이르는 길

---

모든 행복의 원천인 보리심 수행은
자신은 물론 다른 중생의 목적도 실현하는
방법이다. 이런 보리심 수행을 어찌 포기할
수 있겠는가?

1

불교에서는 마음을 점검하고, 마음을 향상시키는 수련을 매우 중요하게 여긴다. 불교 관점에서 보면 학문적인 추구를 위해 다르마를 가르치고 배우는 것은 아니다. 마음을 제대로 다스리기 위해 다르마를 배우고, 가르친다. 이렇게 해서 우리의 불성을 일깨우는 것이다. 우리에게는 마음을 혼란스럽게 하는 여러 장애 요인을 없앨 수 있는 잠재력이 있고, 그 결과로 생기는 특별한 힘을 얻는다.

불자가 아니면서도 부처님의 가르침에 관심을 갖는 사람을 보면 기쁘다. 다양한 종교의 다양한 철학적 설명은 사람들의 다양한 성향과 요구가 반영된 것이다. 이런 다양한 종교와 다양한 수행법이 추구하는 공통된 목표는 더 좋은 사람이 되어 더 나은 삶을 살도록 하는 것이다. 그래서 다양한 종교 간의 화합은 아주 중요하다. 그러려면 서로의 상황을 더 명확하게 알아야 한다.

지금은 부처님의 가르침인 불교를 이야기하고 있으니 부처님과 부처님의 가르침과 승가에 귀의하는 두 줄의 게송을 먼저 암송하겠다.

세가 깨날음을 얻을 때까지
부처님, 부처님의 가르침, 승가에 귀의하겠습니다.

이 게송은 모든 중생을 고통에서 벗어나도록 하겠다는 대승불교의 가르침을 담고 있기 때문에 나머지 두 줄은 보리심菩提心을 기르는 것에 대한 내용을 담고 있다.

이 가르침을 읽거나 들은 공덕으로
모든 중생을 돕기 위해 부처가 되겠습니다.

보리심은 윤회하는 모든 중생을 고통에서 벗어나도록 하기 위해 내가 부처가 되겠다는 의도이다. 보리심을 기르려면 명상을 해야 한다. 간절히 생각을 한다고, 기도를 한다고 보리심이 향상되는 것은 아니며 지식 차원에서 이해한다고 보리심이 향상되는 것도 아니다. 스승에게 축복을 받았다고 해서 보리심이 향상되는 것도 아니다. 명상과 지속적인 반복을 통해 보리심을 향상시켜야 한다. 보리심을 지속적으로 명상하려면 우선 보리심을 향상하면 생기는 이익에 대한 확신이 있어야 한다. 보리심의 필요성을 절감하면서 보리심을 향상하겠다는 열망을 키워야 한다.

수행하는 것에서 기쁨을 느끼면 명상도 잘할 수 있다. 다른 사람을 돕고자 하는 고귀한 마음은 매우 유익한 것이다. 그런 마음은 우리 인생에 행복과 용기와 성공을 불러오는 주된 원천이다. 우리 마음에 의심과 악의가 가득할 때 남들이 우리를 나쁘게 생각한다는 것을 바로 느낄 수 있다. 그런 부정적인 느낌은 모든 대인 관계에 영향을 미친다. 부정적인 감정들은 불행으로 이어진다. 당연한 이치다. 그러므로 현생의 삶에서만 봐도 이타적일수록 더 행복하다는 것을 알 수 있다. 이기적인 마음과 미워하는 마음이 가득하면 불행할 뿐이다.

## 선한 마음

자신의 행복을 추구하든, 타인의 행복을 추구하든, 일시적 행복을 추구하든, 영원한 행복을 추구하든, 지금 이 생을 사는 동안에는 고귀한 자비심이 필요하다. 다음 생도 마찬가지다. 인간이나 천인天人이 사는 좋은 세상에 태어나기를 바란다면 착한 마음을 키워야 한다. 인간 세계나 천인 세계 등 좋은 세상(선도善道)에 태어나는 것은 살생 같은 악행을 저지르지 않은 결과이다. 좋은 세상에 환생한 것은 자신의 생명은 물론 다른 중생의 생명을 해치지 않고, 소유물, 친구들, 대인 관계를 해치는 행위를 하지 않고, 열 가지 선한 행동(십선+善)을 한 결과이다. 열 가지 선한 행동이란 생명을 보호하고, 재물을 베풀고, 도덕적인 성생활을 하고, 진실하게 말하고, 바르게 말하고, 친절하게 말하고, 현명하게 말하고, 관대하고, 선의를 지니고, 올바른 견해 갖는 것을 말한다. 남을 해치지 않아야 좋은 세상에 태어날 수 있다. 수행의 근본은 착한 마음가짐이다.

의사에게 진료를 받을 때 휴식을 취하라는 조언을 자주 듣는다. 휴식을 취하라는 말이 무슨 뜻일까? 그저 침대에 누워 있으라는 의미는 아닐 것이다. 휴식은 마음의 긴장을 푸는 것을 뜻한다. 의사가 그 뜻을 설명했든 안 했든 우리에게 휴식을 취하라고 말할 때는 신체 활동을 피하는 것은 물론 더불어 마음도 긴장을 풀고 걱정도 하지 말아야 한다는 것이다. 그럴 때 진정한 휴식을 취하는 것이다. 마음의 휴식은 긍정적인 마음가짐과 긍정적인 감정을 지닌 결과이다. 부정적인 마음가짐과 악의를 품고 있으면 우리 마음은 쉴 수가 없다. 신체 건강을 위해 휴식을 취하라는 의사의 조언에는 '따뜻한 마음을 가진 사람이 되어야 한다'는 의미도 들어 있는 것이다. 그것이야말로 근심을 만들지 않는 최선의 방법이기 때문이다.

이런 까닭에 인도의 위대한 불교학자, 아티샤Atiśa(982-1054) 스님은 사람들을 만날 때마다 묻곤 했다. "당신은 선한 마음을 갖고 있는가?" 현대를 사는 우리는 "어떻게 지내세요?"라고 묻는다. 사실 아티샤 스님은 상대방의 마음이 선한지만을 묻는 것이 아니라 심신의 상태가 어떤지, 하루를 어떻게 지냈는지를 묻고 있는 것이다. 그런데 아티샤 스님의 이 질문에는 더 깊은 의미가 있다고 생각한다. 종교적 관점에서만 말했다고 생각하지는 않는다. 우리가 "잘 잤어?" 하고 묻는 것처럼 아티샤 스님도 "잘 쉬었는가?" 하고 묻는 것이다. 휴식은 긍정적인 마음의 결과이기 때문이다.

선한 마음을 기를 필요가 있다는 것은 분명해졌다. 그렇다면 어떻게 시작할 것인가? 이것이 문제다. 마음을 수련하는 데 있어 선한 마음이란 보리심을 가리킨다. 보리심은 최선의 상태이자 최고로 선한 마음이다. 보리심은 지혜로 보완되는 착한 마음이다. 불교 경전에서는 보리심을 두 가지의 열망을 가진 마음으로 설명하고 있다. 하나는 타인이 소원을 이룰 수 있도록 돕겠다는 열망이고, 또 하나는 자신이 부처의 경지에 이르겠다는 열망이다. 이 두 가지 열망으로 유지되는 것이 보리심이다.

'지혜로 보완된다'는 것은 무슨 뜻인가? 부처님에게 귀의하는 마음을 예로 들어보자. 부처님에게 귀의하는 마음은 부처님이 무결하고 훌륭한 품성을 지니고 있어 우리가 궁극적으로 귀의할 수 있는 대상임을 인정하는 것이다. 이런 마음은 부처님이 소중하고 신성한 존재라는 사실을 아무 의심 없이 받아들일 수 있다. 이것은 믿음의 문제일 수 있다. 그러나 또 다른 차원의 귀의가 있다. 부처의 본성과 부처의 존재 가능성을 분석하고 탐구하는 것에 기반을 둔 귀다. 이런 분석과 탐구를 통해 완전한 존재인 부처가 실재할 수 있다는 사실을 이해하게 된다. 부처의 본성 ― 모든 장애를 극복하고 특유의 좋은 품성만을 지닌 마음을 갖고 있다는 것을 이해하게 된다. 부처님이 그런 훌륭한 품성을 지닌 존재라는 것을 알고 나면 부처님에게 깊이 귀의하는 마음을 키울 수 있다. 확신에 근거한 이런 귀의는 단순한 믿음보다 훨씬 더 강하고 지속적이다.

보리심을 기르는 것도 이와 비슷하다. 아직은 공성을 잘 모르지만 살아 있는 뭇 생명들의 목적과 소원을 모두 이룰 수 있도록 돕겠다는 열망을 지닌 보디사트바bodhisattva(깨어 있는 존재라는 뜻. 사랑과 자비심을 통해 보리심에 도달한 사람이다. 보살로도 표기한다.)가 있다고 하자. 보디사트바는 진심어린 열망을 바탕으로 모든 중생을 돕기 위해 부처의 경지에 이르겠다는 간절한 바람을 지닐 수 있다. 우리가 일반적으로 말하는 보리심은 살아 있는 뭇 생명의 고통을 없앨 수 있는지, 없는지를 먼저 살핀다. 그리고 고통을 없애는 것이 가능하면 적절한 방법을 찾는다. 이런 숙고를 기반으로 다음 게송에서 말하는 것처럼 깨달음의 의미를 찾는다.

중생에게 초점을 맞추는 자비심과
깨달음에 초점을 맞추는 지혜

중생을 돕기 위해서 깨달음을 얻고 싶다는 고귀한 보리심을 기르고, 깨달음에 이를 수 있는 지혜를 갖춘다면, 그것은 경이롭고 용기 있는 마음이 된다. 이 세상에 변하지 않는, 내재하는 존재가 없다는 공성의 이치를 깨달은 지혜가 자비심과 결합될 때 큰 차이가 생긴다. 일반적으로 우리가 무력한 중생에게 초점을 맞춰 생각할 때 그가 고통을 받는 것이 안타까워 그의 고통이 없어지기를 바라는 마음을 강하게 일으킨다. 하지만 깊이 분석해 보면 그 고통이 어디에서 비롯되는지를 알 수 있을 것이다. 그리고 고통의 원인을 없앨 수 있는 가능성과 해결책을 찾아낼 가능성이 당사자 안에 있다는 것도 알게 될 뿐만 아니라 사물이 존재하는 방식을 착각하고 있고, 올바른 해결책을 찾지 못하고 있다는 사실도 알게 된다. 현재 고통 받는 바로 그 사람이 이 순간에도 잘못된 행동이나 부정적인 행위를 하고 있다는 사실도 알게 된다. 그는 다음 생에도 끊임없이 고통을 당할 잘못을 저지르고 있는 것이다.

중생의 고통을 없앨 수 있다는 사실과 중생들이 무지로 인해 자신의 고통을 없애는 방법을 모르고 있다는 사실을 알면 우리는 중생들에게 배려하는 마음과 자비심을 일으킬 수 있다. 이것은 마치 쉽게 해결할 수 있는 문제인데도 방법을 모르거나 의지가 없어서 문제를 해결하지 않는 사람을 보고 있는 것과 비슷하다. 살아 있는 생명체가 고통을 겪는 것을 보면 저 존재도 우리와 같이 고통을 원하지 않는다는 사실을 알아야 한다. '이 사람의 고통을 없앨 수 있으면 얼마나 좋을까!', '이 고통이 사라졌으면 좋겠다.' 하는 마음을 키워야 한다. 또한 고통이 없는 상태로 이끄는 법을 제대로 이해하고, 지혜의 관점에서 타인의 고통을 이해한다면 우리의 자비심은 훨씬 더 커질 것이다.

우리가 보리심을 기르는 수행을 할 때 두 가지 열망 — 부처의 경지에 이르겠다는 열망과 남들을 돕겠다는 열망 — 을 키워야 한다. 남들을 돕겠다는 열망의 근원, 즉 자신보다 타인을 더 염려하는 보리심은 곧 자비심이다. 진정한 자비심을 기르는 과정에서 우리는 고통에 시달리는 중생들을 깊이 염려하는 마음(비심悲心)과 고통 받는 중생을 깊이 사랑하는 마음(자심慈心)을 키워야 한다. 그리고 동시에 중생을 괴롭히는 고통의 본성을 제대로 볼 수 있어야 한다. 자비심을 함양하는 것과 고통의 실체를 파악하는 것은 별개로 수련해야 한다.

## 고통의 실체

고통의 실체를 제대로 알려면 먼저 우리가 겪고 있는 고통에 대해서 생각해 보는 것이 중요하다. 그래야 고통의 실체를 확인하는 것이 쉽기 때문이다. 윤회하는 고통에서 벗어나겠다는 결심과 자비심을 종종 동전의 양면에 비유한다. 우리가 자신이 겪는 고통을 깊이 생각하고 고통을 없애기 위해 마음을 수련하는 것은 고통에서 벗어나기 위함이다. 우리가 고통에서 벗어나려고 하는 열망을 다른 중생에게도 그대로 적용할 때 자비심은 커진다.

사성제를 기반으로 우리가 고통을 깊이 사유하고, 고통에서 벗어나겠다고 결심을 해야 한다. 사성제는 부처님 가르침 가운데 가장 중요하다. 네 가지 고귀한 진리인 사성제는 두 범주로 나눌 수 있다. 처음의 두 진리인 '고통(고제苦諦)'과 '고통의 원인(집제集諦)'은 우리가 없애고자 하는 번뇌와 고통과 관련된 원인과 결과에 관한 세트이다. '고통의 소멸(멸제滅諦)'과 '고통을 소멸하는 수행(도제道諦)'인 두 번째 세트는 청정한 범주의 원인과 결과에 관한 세트이다. 고통을 깊이 생각하고 나면 우리가 무엇을 할 수 있을지 궁금해질지도 모른다. 이 두 진리는 앞으로 우리가 어떻게 행동해야 할지를 완벽하게 설명하고 있다. 만약 우리가 이 두 가지 진리를 배우지 못하고, 또 고통을 소멸하기 위해 수행하지 않는다면 그저 '고통'과 '고통의 원인'에 깊이 빠져서 스스로를 탓할 것이다. 차라리 쉬면서 즐겁게 지내는 것이 더 나을지도 모르겠다. 고통을 생각만 하는 것이 무슨 의미가 있는가? 고통을 깊이 생각해 보라고 조언하는 것은 고통에서 벗어날 수 있는 방법이 있기 때문이다. 그리고 고통을 깊이 생각하는 것이 타당한 이유는 이런 과정을 통해 고통에서 벗어나야겠다는 굳은 결심을 할 수 있기 때문이다. 이런 까닭에 사성제의 가르침은 대단히 소중하고, 중요하다.

고통을 세 가지 방법으로 생각하면 명상에 도움이 된다. 고통에는 '고통스러운 고통'(고고苦苦), '변화하는 고통'(변고變苦), '조건에 의해 만들어지는 고통'(행고行苦)이 있다. '고통스러운 고통'은 흔히 우리가 생각하는 괴로움이나 고난을 가리킨다. '변화하는 고통'은 일반적으로 우리가 갈망하는 불완전한 행복을 가리킨다. 사람들이 갈망하는 행복이 불완전한 이유는 영원하지 않기 때문이다. 언젠가는 끝나기 때문이다. 영원할 수 없는, 언젠가는 끝이 나는 행복은 결국 고통으로 변하기 때문에 '변화하는 고통'이라고 부른다. 이런 경험의 기반은 바로 우리의 육체이며, 업과 번뇌의 지배를 받는다. 번뇌와 업은 자신도 모르게 끊임없이 윤회할 수밖에 없는 조건들을 만들어 낸다. 고통은 존재의 조건이기 때문에 우리는 끊임없이 고통을 겪는다. 그래서 조건에 의해 만들어지는 고통이라 한다.

사성제 — 고통, 고통의 원인, 고통의 소멸, 고통을 소멸하는 수행 — 각각을 네 가지 속성으로 설명할 수 있다. '고통'의 네 가지 속성은 무상無常, 고통苦痛, 공성空性, 무아無我이다. 고제의 무상함이란 고통의 무상을 가리킨다. 원인과 결과(인과)에 의해 생긴 것은 무엇이든 매순간 변하고, 결국 해체되기 마련이다. 인과에 의해 생긴 것이 해체되는 것은 다른 이유 때문에 해체되고, 소멸되는 것이 아니라 그것을 생기게 한 바로 그 원인 때문이다. 뒤따르는 다른 원인 때문에 해체되는 것이 아니다. 원인과 조건은 그것들의 본성에 의해 매순간 해체하고, 변하는 방식으로 고통(고제苦諦)을 만들어 낸다. 그러므로 고제는 원인에 의존한다.

우리가 몸과 마음이라고 여기는 '다섯 가지 요소'(오온五蘊) — 몸·감각·지각·의지·인식 — 를 분석해 보면 몸과 마음이 본래 무상하다는 것을 이해할 수 있다. 몸과 마음이 영원하지 않다는 것을 알 수 있다. 매순간 변한다. 몸과 마음은 여러 원인에 의존하고 있기에 매순간 변한다. 그리고 가장 근본적인 원인은 무지이다. 몸과 마음을 구성하는 '다섯 가지 요소'는 무지의 산물이기 때문에 그것의 본성이 고통이라는 것을 알 수 있다. 본래 고통스러울 수밖에 없다.

미묘한 무상에 대한 설명을 깊이 들여다보면 무지가 바로 우리 몸과 마음을 구성하는 근본 원인이라는 사실을 이해하게 된다. 우리가 무지에 의존하는 한, 우리가 무지의 산물인 동안은 우리가 어디에 머물든지, 어느 세상에 태어나든지 간에 결국 죽기 마련이다. 외모가 아름답든 추하든, 키가 크든 작든, 육체는 변하기 마련이다. 이런 사실을 깊이 이해한다면 눈앞에 있는 사소한 고민들 때문에 좌절을 하지는 않을 것이다. 번뇌의 속박에서 벗어나지 못하면 진정한 행복을 얻기란 불가능하다는 것을 이해하게 될 것이다. 이를 바탕으로 마음을 수련해야 한다.

우리 마음을 이렇게 수련하면 우리는 번뇌를 실제적인 적으로 여길 수 있다. 번뇌는 태초부터 마음 가운데 조용히 자리하고는 고통을 일으키고, 우리에게 피해를 입혔다. 번뇌가 실제적인 적이라는 것을 알면 최선을 다해 번뇌와 싸울 수 있다. 12세기와 13세기에 살았던 위대한 티베트 수행자들인 카담파Kadampa들은 다음과 같이 말했다. "적인 번뇌가 우리를 짓누르고 억눌러도 우리가 해야 할 단 한 가지는 이를 악물고 맞서는 것이다. 결코 물러서지 말라."

한편으론 진정 번뇌를 싫어하는 마음을 길러야 한다. 또 다른 한편으로는 무지에 휘둘리는 한은 진정한 행복을 누릴 수 없다는 것도 알아야 한다. 문제는 무지를 없앨 수 있는가 하는 것이다. 이에 대한 답은 사성제의 세 번째 진리인 '고통의 소멸'을 통해 밝혀졌다. 부처님은 고통의 소멸을 매우 상세하게 설명했다. 모든 중생에게 부처의 본성(불성佛性)이 있다는 사실에는 중요한 두 가지 의미가 함축되어 있다. 첫째, 마음의 결점이나 번뇌들이 우발적이라는 것이며 둘째, 부처의 본성을 성취할 수 있다는 것이다. 이 두 가지 의미를 면밀하게 살펴보면 고통을 소멸할 수 있다는 것을 추론할 수 있다. 이와 같은 방식으로 열반과 해탈에 대한 열망을 키워야 한다.

## 무아에 대한 이해

이 윤회 속에 이러한 결점들이 있다는 사실을 알고 나면 달리 선택할 수 있는 삶의 방식이 있을까. 우리가 니르바나(열반)를 자각하면 니르바나에 이르고자 하는 마음이 일어날 것이다. 니르바나 상태에 이르는 것을 막는 가장 큰 장애물은 번뇌이다. 그렇기 때문에 우리는 번뇌를 적으로 여기고, 번뇌와 싸워 이기고야 말겠다고 열망을 일으키게 된다. 실제 수행 과정에서 처음부터 번뇌와 싸워 이기기란 어렵다. 번뇌를 없애기란 어렵다. 번뇌의 주된 원인은 무지(무명)이기 때문에 번뇌를 없애려면 먼저 무지부터 없애야 한다. 무지를 없애는 유일한 요소는 무아無我(변하지 않는, 고정된 실체로서의 '나'가 없다는 의미)를 이해하는 지혜이다. 무아를 이해하는 지혜를 향상시키려면 무아의 뜻을 이해하는 것만으로는 부족하다. 무아나 공성(독립된 실체, 내재적 존재가 없다는 뜻)의 의미에 온 마음을 집중하고 명상해야 한다. 진정한 통찰을 얻어야만 다양한 단계의 번뇌를 점차 없앨 수 있다. 무아의 견해를 오래 명상하고 익숙해져야 한다.

무아에 대한 통찰을 발달시키려면 선정禪定 수행이 뒷받침되어야 한다. 선정 수행은 부정적인 행동(악행)을 하지 않는 것에서 시작된다. 번뇌와 본격적인 싸움을 시작하기 전까지는 부정적인 행위들을 단속하는 방어적인 자세를 취해야 한다. 우리가 우발적으로 악행을 범한 것은 번뇌에 지배당한 결과이다. 번뇌에 졌기 때문이다.

일반적으로 우리가 번뇌에 휘둘려 저지르는 악행은 열 가지로 정리된다. 몸으로 저지르는 나쁜 짓에는 살생, 도둑질, 간음이 있다. 말로 저지르는 나쁜 짓에는 거짓말, 이간질, 욕설, 무의미한 수다가 해당된다. 마음으로 저지르는 나쁜 짓에는 욕심, 악의 그리고 그릇된 생각이 해당된다. 이 열 가지 악행 가운데 어느 하나라도 저지를 것 같은 위험한 상황에 처하면 자신이 악행을 저지르지 못하게 막아야 한다. 열 가지 악행을 멀리하는 것이 열 가지 선행을 수행하는 것이다. 그래서 인과의 원리, 즉 업의 법칙이 타당하다는 것을 확신해야 한다. 해로운 원인들을 쌓는다면 그 원인들이 결과를 맺을 때 당연히 고통을 겪을 것이다. 유익한 행동을 했다면 그 결과로 평화와 행복을 누릴 것이다. 선한 결과는 선한 원인에서 생기고, 악한 결과는 악한 원인에 생긴다는 확신이 강하면 강할수록 좋은 수행들은 더 많이 하고, 나쁜 생활방식은 더 버릴 수밖에 없다.

인간으로 태어난 이번 생은 무한한 잠재력을 갖고 있다. 인간은 생명을 지녔다는 점에서는 다른 생명체와 같지만 지성과 능력이라는 면에 있어서는 다른 생명체들보다 훨씬 뛰어나다. 우리가 인간으로 태어난 이 기회를 소중하고 가치 있게 여긴다면 지성을 올바르게 사용할 수밖에 없다. 예를 들어, 열 가지 악행의 결과를 안다면 열 가지 악행이 왜 잘못된 것인지를 알 수 있다. 악행의 결과로 짐승 세계와 같은 악도에 떨어질 것이다. 악도의 고통이 궁금하다면 짐승들의 삶을 직접 관찰해 보면 된다. 짐승이 당하는 고통을 겪고 싶지 않으면 그 고통이 어디서 비롯되었는지 인식할 수 있어야 한다. 악행의 결과라는 것을 인식하면 악행을 멀리할 수밖에 없다. 이와 같이 마음을 수련하면 고통의 실체를 알게 되고, 고통에서 벗어나겠다는 결심도 굳건히 할 수 있다.

## 우리 모두는 같은 존재

우리를 괴롭히는 고통의 실체를 명백하게 이해하고 나면 그 다음에는 다른 중생들 — 생명체 — 의 고통도 같은 방식으로 숙고해야 한다. 그런 다음에 다른 중생들을 돕겠다는 마음을 일으키는 수련을 해야 한다. 고통 받는 중생들은 우리와 무관한 존재가 아니다. 우리의 행복과 고통은 상당 부분 다른 중생들에게 의존한다. 다른 중생들을 도우려는 고귀한 마음을 발달시키는 것은 훌륭한 일이다. 자신의 이익을 추구할 때조차도 다른 중생들을 도우려고 하는 마음을 키운다면 자신의 목적도 더 빨리 실현될 것이다. 따라서 그런 마음을 키우는 것은 자신에게 큰 도움이 된다. 우리가 기본적으로 알아야 할 것은 다른 중생들이 우리와 무관한 별개의 존재가 아니라는 사실이다.

우리는 모든 중생을 사랑스러운 존재로, 가까운 존재로 여길 수 있도록 마음을 체계적으로 수련해야 한다. 이 수련을 하려면 먼저 마음의 평정을 명상해야 한다. 사람들은 대개 자신에게 도움이 되는 이에게는 친밀감을 느끼고, 그런 사람들을 친구나 친지라 부른다. 사이가 안 좋은 사람을 가리켜 원수라고 부르며 거리를 둔다. 예를 들어, 우리 티베트 사람들은 티베트 본토에서 동포들이 겪는 고통과 비극적인 소식이 들리면 사원에 모여 함께 기도를 하겠지만 반대로 중국에서 홍수가 발생했다는 소식이 들리면 희생자들을 위해 기도를 하기는커녕 기뻐할지도 모른다. 이것은 우리 수행의 편파성을 명백하게 보여 주는 사례라 하겠다. 평정 수행은 공평하지 않은 마음가짐을 바로잡는 것이다. 지금 우리가 친구로 여기는 사람들이 전생에도 친구였을까? 아닐지도 모른다. 현재 우리가 적으로 여기는 사람들이 전생에도 적이었을까? 친구였는지도 모른다. 편애해야 할 타당한 이유가 없다.

이른바 친한 친구가 말 한마디 잘못해서 철천지원수가 되기도 한다. 젊은 시절 절친한 친구가 늙어서 적이 될지도 모른다. 그 반대의 경우도 있을 수 있다. 이런 일은 누구에게나 있을 수 있다. 이런 편파적인 마음가짐은 집착과 분노에서 비롯되기에 버려야 한다. 상대방이 조금만 서운하게 해도 바로 상대를 대하는 태도가 달라지는 것만 봐도 잘 알 수 있다. 반면에 상대의 상황을 충분히 헤아리고, 상대에게 진정한 친밀감을 갖고 있다면 상대가 좀 서운하게 해도 한결같은 태도로 상대를 대할 것이다. 우리가 친구나 친지를 가리킬 때 항상 '나의' 친구, '나의' 친지라고 말한다. 집착 때문에 우리의 관계를 강조한다. 이 역시 경계해야 하는 편애의 한 유형이다. 우리가 편애하는 감정을 갖고 있는 한은 모든 중생을 동등하게 바라볼 수 없다. 그렇기 때문에 가장 친한 친구도 전생에는 원수였을 수 있다는 점을 숙고해야 한다. 모든 사람을 공평하게 대할 수 있는 마음을 키우면 우리는 그들이 베푸는 은혜를 인정할 수 있을 것이다.

그러므로 우리의 적은 번뇌이지, 번뇌에 시달리고 번뇌 때문에 괴로워하는 사람들이 아니다. 자비심을 키울 때 다양한 단계의 고통이 의미하는 것이 무엇인지 철저히 이해하는 것이 중요하다. 우리가 몸이 아파 힘들어 하는 이들이나 신체장애를 가진 이들을 보면 대체로 바로 자비심을 일으킨다.

그러나 부자나 지식인들에게는 자비심을 일으키기는커녕 질투심과 경쟁심을 일으킨다. 이것은 우리가 모든 중생 마음에 널리 퍼져 있는 고통을 자각하지 못하기 때문에 우리의 자비심은 편파적이고 일방적이라는 것을 명백하게 보여준다. 그래서 우리 마음속에 자리 잡고 있는 번뇌가 진짜 적이라는 것을 인식해야 한다. 이 점은 아주 중요하다. 우리가 이 사실을 이해하고 나면 다른 사람들 마음에서 일어나는 문제들도 번뇌 때문이라는 사실을 알게 된다. 모든 사람들에게 자비심을 일으켜야 한다. 친구나 친지 같은 각별한 관계를 맺고 있는 사람들에게 특별한 친밀감을 느끼는 것은 집착일 뿐이지 진정한 자비는 아니다. 지나친 집착이 불러오는 결과는 고통이다. 그렇기 때문에 편애하는 마음, 집착, 미움 같은 감정이 없이 공평한 마음을 길러야 한다.

다음 단계는 모든 사람을 친지로 여기는 것이다. 과거 여러 전생을 거치면서 어머니였거나 친지였던 적이 없는 사람은 거의 없다. 다음 생에도 그들은 분명히 친구나 친지들로 다시 환생을 할 것이다. 이런 맥락에서 우리는 그들이 전생에 어머니로서 베풀었던 은혜를 기억하려고 노력하고, 그 은혜에 어떻게 보답할 것인지를 고민해야 한다. 그런 다음에는 자신과 타인이 같다는 것에 초점을 맞추면서 공평한 마음을 길러야 한다. 모든 사람은 행복을 바라고 고통을 피하고 싶어 한다는 점에서 그들의 배경과 무관하게 우리와 동일하다. 그러므로 다른 사람들도 우리와 비슷하기 때문에 특정 집단은 미워하고, 특정 집단에 집착을 하면서 차별하는 것은 적절하지 않다. 이를 마음에 새기는 수련을 해야 한다.

타인의 은혜를 기억하는 특별한 방법은 그들이 직접적으로든 간접적으로든 다양한 방법으로 우리를 도왔다는 사실을 깊이 기억하는 것이다, 그들이 친척이기 때문에 내지는 나에게 친절하고 도움을 주기 때문에 기억을 하는 것이 아니라. 인간으로 태어난 지금 이 생을 보자. 우리는 모두 긴밀하게 연결되어 있다. 우리가 애용하는 모든 것은 다른 사람들에 의해 만들어진 것들이다. 노동자들이 공장에서 제품을 조립하고, 그 제품을 만드는 데 사용된 원자재는 광부들이 땅속에서 파낸 것이다. 우리가 이 가르침을 보고 듣는 데 필요한 모든 제품과 편의 시설 역시 많은 사람들의 노동으로 만들어진 결과물이다. 우리는 그들이 고생한 덕분에 많은 것들을 즐길 수 있고, 일상을 편안하게 살아갈 수 있다. 이와 같이 우리는 안내자도 없이 좌충우돌하면서 살아가는 수많은 사람들 덕분에 소중한 보리심을 기르고 또 한편으론 다정한 사람들이 베푸는 은혜 덕분에 보리심을 기를 수 있다. 궁극적으로 부처의 경지에 이를 수 있는 것도 오로지 다른 사람들이 베푼 은혜 덕분에 가능하다. 우리는 다른 사람과 동일할 뿐만 아니라 다른 사람들은 우리에게 친절도 베푼다. 다른 사람들이 베푼 은혜를 기억하면 그들을 친근하고 가깝게 여길 수 있다. 다른 사람들이 우리에게 처음부터 끝까지 어떻게 친절을 베풀었는지를 알게 된다.

## 자신의 행복과 타인의 고통을 바꾸기

다른 사람이 베푼 은혜를 깊이 생각한 다음에는 이기적인 마음가짐으로 인해 생기는 해로움과 다른 사람의 행복에 관심을 기울이는 마음가짐으로 인해 생기는 유익함을 깊이 생각해야 한다. 상반된 이 두 마음가짐에서 비롯되는 이익과 손해가 수긍될 때 우리는 자신과 타인을 교환하려고 하는 마음을 키울 수 있다. 지금까지 우리는 자기 자신을 가장 소중하게 생각해 왔다. 이제부터는 우리의 관심을 다른 사람들에게 돌리고, 남들을 가장 소중하다고 여길 수 있어야 한다. 지금까지 우리는 다른 사람들을 그저 무시해 왔다. 이제는 깨달아야 한다, 타인의 소망을 실현할 수 있도록 돕는 대의에 비하면 자신의 개인적인 욕망은 얼마나 하찮은지를. 이것을 가리켜 자신의 행복과 타인의 고통을 교환하는 수행이라고 부른다.

다른 사람의 생활 방식이나 행동 방식과 무관하게 자신의 마음을 이런 식으로 수련한다면 우리는 모든 중생을 사랑스럽고 매력적인 존재로 여기는 마음을 기를 수 있다. 이를 바탕으로 '주고 떠맡는 수행'인 통렌tonglen을 배운다. 여기서 '주기' 수행은 자신의 미덕과 행복을 모두 타인에게 준다고 상상하는 것을 의미한다. 그렇기 때문에 사랑(자심慈心, 자애)에 초점을 맞춘다. '떠맡기' 수행은 타인의 고통과 불행을 자신이 떠맡는다고 상상하는 것을 의미한다. 그래서 측은지심(비심悲心, 자비)에 초점을 맞춘다. 우리는 이 통렌 수행을 통해 강한 책임감을 기를 수 있다. 이 수행은 우리가 타인의 행복을 위하는 마음을 수련하는 방법이다.

앞에 설명한 것처럼 우리가 니르바나에 이를 수 있는 가능성을 확신할 때 우리는 다른 중생도 우리처럼 니르바나에 이를 수 있다는 사실을 인정하게 된다. 이런 이해를 기반으로 모든 중생을 니르바나로 인도하겠다는 열망을 키운다. 그런 다음에는 다른 중생을 인도하기 위해 자신이 먼저 깨달음을 얻어야 하며 다른 대안이 없다는 인식을 발달시켜야 한다. 그래서 타인을 돕고, 그들의 목적을 실현하는 방법으로 깨달음에 이를 것을 열망한다. 여기에는 확고한 결심, 용기, 서약이 따라야 한다. 이런 마음을 보리심이라고 한다.

다른 사람을 돕고 싶어 하는 마음을 많이 키우면 키울수록 우리 내면의 평화와 행복도 더 커질 것이다. 마음이 평화로우면 다른 사람의 평화와 행복을 키우는 데 더 많은 기여를 할 수 있다. 마음을 긍정적으로 바꾸고, 긍정적인 마음가짐을 기르는 것은 행복의 원천이다. 긍정적인 마음가짐을 지니면 마음이 편안해지고, 두려움이 없어지고, 용기를 잃지 않는다. 내 경우에는 수행을 단계별로 꾸준히 익히고, 익숙해지는 과정을 통해 마음에 긍정적인 인상을 남기기 위해 노력해 왔다. 그 결과로 나는 윤회계의 고통을 알게 되었다. 그래서 내가 여러 가지 어려움에 처했을 때 대처하기가 보다 쉬웠다. 모든 것은 해체되기 마련이고, 고통이 올 수밖에 없다는 가르침을 기억하기에 나는 낙담하지 않는다. 그래서 자살 같은 것을 생각해 본 적이 없다. 이는 불교의 가르침이 일상에서 실제로 도움이 된다는 사실을 분명히 보여 준다.

## 시대를 초월한 가르침

이제 내 나이 예순 살(이 강의를 한 당시)이 넘었다. 부처님의 가르침이 타당하고, 유용하다는 것을 자신 있게 말할 수 있을 정도로 충분한 경험도 쌓았다. 우리가 이 가르침의 핵심을 진지하게 실천한다면 지금 생은 물론 다음 생에도 도움이 된다는 것을 의심할 여지가 없을 뿐만 아니라 자신은 물론 다른 모든 중생에게도 도움이 된다. 또한 자연 환경을 보호하고 조화로운 삶을 위한 지침이 되기도 한다. 부처님의 말씀은 과거에는 유용했으나 현재는 더 이상 유용하지 않은 그런 가르침이 아니다. 오늘날에도 여전히 유용한 가르침이며, 적절한 가르침이다.

이런 수행을 하라고 조언을 하는 것은 단지 불교 전통을 계승하기 위해서만은 아니다. 물론 우리가 부처님의 가르침을 듣고 생각하며 보내는 시간이 전통 계승에 크게 기여를 하는 것은 사실이다. 부처님의 가르침은 우리 안에서 정신적 가치를 만들어 내게 한다. 누군가가 사원을 짓고 탑을 세우면 세상은 찬탄을 하며 이것이 다르마Dharma(법) 수행이라고 여긴다. 하지만 사원을 짓고 탑을 세우는 것보다 더 중요한 것은 부처님의 가르침을 듣는 것이다. 부처님의 가르침을 통해 쌓아 올린 정신적인 건축물은 지금 생은 물론 다음 생에도 우리를 도울 것이기 때문이다. 세상에 짓는 건축물은 아무리 잘 지어도 언젠가는 무너지고 사라진다. 하지만 우리 마음에 지은 것은 훨씬 더 오래 갈 것이다.

처음에 가장 중요한 것은 인간의 몸을 받은 지금 생을 유용하게 활용하고, 다음 생에도 수행을 할 수 있는 기회와 능력을 갖출 수 있도록 준비하는 것이다. 더 나아가 혼란스럽고 괴로운 마음은 내면의 적인 번뇌가 만들어 낸다는 사실도 알아야 한다. 마음에서 번뇌가 일어나고, 우리가 번뇌에 휘둘리는 한 평화도 행복도 누릴 수 없다. 우리가 욕망하는 많은 편의 시설들은 한동안 행복을 선사하지만 영원한 행복을 선사하지는 않는다. 따라서 수행을 할 때 다음 생에만 초점을 맞출 것이 아니라 번뇌를 완전히 없애는 것에 관심을 쏟아야 한다. 이 마음가짐을 기반으로 우리는 니르바나, 즉 윤회에서 해탈한 상태를 성취하기를 열망한다. 우리가 마음을 더 넓힌다면 좋은 세상에 환생하거나 고통에서 벗어나는 것에 머무르지 않고 더 큰 노력을 해야 한다. 우리 자신뿐 아니라 다른 중생의 행복도 깊이 생각해야 한다. 이런 수련은 마치 아이들이 학교생활을 통해 성장하는 것과 비슷하다. 아이들은 유치원을 시작으로 점점 더 많은 교육을 받아 가면서 관점을 넓혀 간다. 우리 마음에서 가치 있는 것을 만들어 내는 방법도 이와 같다. 마음을 잘 훈련하면 자신의 행복에만 급급해 하는 마음가짐 대신에 다른 중생의 행복에도 보다 더 많은 관심을 기울이는 마음가짐을 지닐 수 있다.

다행스럽게도 자유로운 인간으로 태어난 이 삶이 소중한 까닭은 보리심을 기를 수 있는 기회가 주어졌기 때문이다. 인간의 삶은 위대한 가치를 달성할 수 있는 잠재력을 지니고 있다. 이런 기회를 얻고도 제대로 활용하지 못한다면 참으로 슬픈 일이다. 다른 중생들은 유익함을 만들어 내는 인간의 잠재력과 능력에 도전할 수 없다. 물론 인간으로 태어났다고 해서 모두 자유롭고 운이 좋은 것은 아니다. 불교의 관점에서 자유롭고 운이 좋다는 것은 수행을 할 수 있고, 수행을 하는 데에 필요한 조건을 갖춘 것을 의미한다. 예를 들어, 곤충이나 짐승들은 생명은 갖고 있으나 수행을 할 수 있는 의지나 행운은 갖추지 못했다. 불교의 가르침에 따라 수행을 할 수 있는 곳에 태어났고, 어느 정도의 자비심과 다른 중생의 행복에 관심이 있는 사람들이라야 자유롭고 운이 좋은 사람들로 간주된다.

이 지구에는 60억이 넘는 사람들이 살고 있다. 60억이 넘는 인구 가운데 얼마나 많은 사람들이 부처님의 가르침에 귀를 기울이고, 다른 사람들에게 진정한 관심을 기울일까? 지구상에 존재하는 다른 중생들의 수에 비해 인간의 수는 아주 적다. 인간들 가운데 종교를 믿는 사람은 훨씬 적고, 종교를 믿는 사람들 가운데에도 진정한 자비심과 사랑을 지닌 이는 더 적다. 진정한 종교인을 보기 어려운 것은 그런 삶을 가져오는 원인과 조건을 성립시키기가 어렵기 때문이다.

우리가 진지하게 수행할 능력, 좋은 품성을 기를 능력과 발달시킬 능력을 갖고 있지 않다고 생각하면 안 된다. 짐승과 비교해 보면 인간은 나이나 지성과 무관하게 법을 수행할 수 있는 위대한 능력을 갖추고 있다. 인간은 늙고 병들어도 여전히 지성을 지니고 있다. 어떤 부분에서 부족함이 느껴진다고 하여 낙담하면 안 된다. 특히 젊은이들에게 낙담은 금물이다. 우리는 과거에 진지하게 공부하고, 수행하고, 명상해서 큰 깨달음을 얻은 뛰어난 수행자들을 보면서 용기를 내야 한다. 뛰어난 수행자들은 자신을 물론 타인들에게도 큰 도움을 주었다. 그들은 좋은 본보기이다.

자유로운 인간으로 태어난 이 소중한 기회를 얻고서도 유익하게 살지 못한다면 다음 생에 인간의 몸을 받기가 어려울 것이다. "제대로 된 수행을 하는 것은 지친 당나귀를 끌고 산에 오르는 것만큼 힘들지만 악행을 저지르는 것은 가파른 비탈에서 바위를 굴리는 것만큼이나 쉽다."라는 티베트 속담이 있다. 악행을 저지르면 안 된다고 다짐하는 그 순간에도 악행을 저지르는 것이 우리 인간의 속성이다. 자신을 비구로 생각하든 밀교 수행자로 생각하든 단순히 불교 수행자로 생각하든 간에 처음에 수행을 시작할 때 동기가 좋지 않았거나 관상觀想(마음으로 대상을 선명하게 그리는 것)과 명상을 하는 실제 수행 과정이 좋지 않거나 수행의 결말이 좋지 않은 경우가 종종 있다. 모든 도덕적 수행들은 부정적인 생각들로부터 방해를 받기 때문에 힘이 없고 나약하다. 칠흑 같은 밤을 밝히는 한 줄기 섬광 같은 부처님의 가르침을 만나 수행할 기회는 드물다. 이런 데도 수행을 하겠다는 동기도 미약하고, 실제 수행도 미약하고, 결실도 미약하다. 그렇기 때문에 우리의 공덕은 미약한 반면 악행은 끈질기고 강력하다. 그러므로 긍정적인 품성을 개발하기 위해 노력하는 것이 중요하다.

## 보리심의 힘

깨달음으로 이끄는 보리심만이 끈질기고 강력한 악행들을 없앨 수 있는 힘을 갖고 있다. 석가모니 부처님이 중생에게 가장 이로운 것이 무엇인지를 오랫동안 고찰한 결과 보리심이라는 결론을 내렸다. 과거 부처님들은 고통 받는 중생들을 구제하겠다는 열망을 갖고 보리심을 길렀다. 과거 부처님들은 억겁 동안 공덕을 쌓은 인과로 깨달음을 얻었다. 보리심이 모든 사람에게 도움이 된다는 것을 과거 부처님들은 경험을 통해 알았다. 모든 중생을 돕고 싶어 하는 마음인 보리심은 모든 긍정적인 품성을 달성하도록 하기 때문이다. 모든 중생을 돕고 싶어 하는 이 보리심만이 중생들에게 평화와 행복을 빨리 얻게 한다. 우리가 수행의 첫 단계에 집중하든, 새로운 품성을 기르는 데 집중하든, 부처의 경지에 이르는 것에 집중하든, 모든 수행은 보리심을 키우는 것과 긴밀하게 연결되어 있다. 일상에서도 다른 중생을 돕고 싶어 하는 마음을 지니는 것은 매우 중요하다. 우리가 긍정적인 마음가짐을 갖고 있을 때 자신은 물론 타인들까지 행복하게 만든다. 그런 마음은 모든 중생에게 행복을 가져올 씨앗을 심고, 자연환경과도 조화를 이루며 살 수 있게 한다.

윤회의 틀 안에서 비참한 삶을 살아온 사람이라고 해도 보리심을 일으키면 그 순간부터 보디사트바, 즉 보살이라고 부른다. 그때부터 인간은 물론 천신으로부터도 존경받을 만한 사람이 된다. 보리심은 쇳덩이를 황금으로 바꾸는 연금액과 같다. 보리심을 기르면 말하는 방식, 사람을 대하는 방식 등 행동이 변하기 때문에 그렇다. 다른 도덕적인 품성은 열매를 맺고 나면 죽는 파초나무와 비슷하지만 보리심은 끊임없이 열매를 수확하도록 하는 천상의 소원을 들어 주는 나무와 비슷하다. 보리심에 의지하면 우리는 머지않아 고통과 두려움에서 벗어날 것이다.

보리심은 모든 중생을 깨달음의 경지에 이르도록 하겠다는 마음이자 고통 받는 중생을 돕기 위해 스스로 깨달음의 경지에 이르겠다는 마음이다. 보리심을 키우기 위해 우리는 모든 중생이 자신과 같은 본성을 갖고 있다는 사실을 알아야 한다. 살아 있는 모든 생명체는 행복을 원하고 고통을 원하지 않는다. 우리와 마찬가지로 그들의 마음도 본래 밝고 빛난다. 그들 마음에서 일어나는 장애는 일시적이고 우발적이다. 그들 마음에 장애가 존재하지 않는다는 말은 아니다. 그 장애들은 무시이래로 존재했다. 그러나 마음의 본 모습인 부처가 될 수 있는 잠재력도 무시이래로 존재했

다. 일상에서 우리 마음은 장애와 무지의 방해 때문에 전지
全知한 상태나 깨달음을 얻은 상태가 될 수 없다. 번뇌와 무
지를 없애면 바로 우리 마음은 모든 현상을 있는 그대로 지
각할 것이다.

행복을 원하고 고통을 피하는 것은 모든 중생의 당연한
기본 권리다. 우리 모두는 행복을 바라고 고통을 피하고 싶
어 한다는 점에서 같다. 하지만 한 개인의 행복이나 고통은
한 사람에게만 국한되지만 모든 생명체의 행복이나 고통은
무수한 생명체와 연결되어 있다는 점에서는 다르다. 비교해
보면 무수한 생명체의 행복이 한 개인의 이익 보다 더 중요
하다. 이런 이해를 기반으로 다른 생명체들을 행복하게 만
들 수 있는 원인들을 추구해야 한다.

우리가 모든 중생에게 재물을 나눠 주거나 개인의 신통
력을 사용해서 니르바나로 인도할 수는 없다. 유일한 방법
이 있다면 올바른 수행(道)을 모든 중생에게 보여주는 것이
다. 그러려면 니르바나에 이르는 수행의 단계를 우리 자신이
먼저 알아야 한다. 니르바나로 인도하는 도를 자신의 경험
을 통해 보여줄 수 없다면 우리가 줄 수 있는 도움은 제한적
일 것이다. 그러므로 모든 중생을 돕기 위해서라도 깨달음을
이루겠다는 열망을 일으켜야 한다. 경이롭고도 훌륭한 보리
심을 보석 같은 마음, 가장 소중한 마음이라고 부른다. 단순

히 보리심을 일으키는 것이 위대한 공덕의 원천이다. 보리심은 윤회하는 동안에도 훌륭한 공덕의 결실을 가져온다. 평화로운 마음은 물론 조화로운 환경에서 살 기회를 얻게 될 것이다. 무엇보다 보리심이 모든 행위의 동기가 되면 공덕의 흐름이 단절되지 않고 지속된다. 우리가 보살행을 실천하기로 서약하고 나면 그 공덕은 우주처럼 무한할 것이다.

다른 중생을 돕겠다는 단순한 소망이 부처님에게 공양을 올리는 것보다 공덕이 더 크다면 무수한 중생을 실제 돕기 위해 노력한다면 그 공덕은 더욱더 클 것이다. 모든 중생이 행복을 원하고 고통을 원치 않는다면 이렇게 물을지도 모른다. "자신의 행복을 위해 열심히 일하고도 왜 고통을 없애지 못하는가?" 중생들은 고통을 없애고 싶어 하면서도 끊임없이 고통을 향해 달려가고 있기 때문이다. 행복을 바라면서도 무지와 혼란으로 인해 자신의 평화와 행복을 스스로 파괴하고 있기 때문이다. 보리심은 무지와 혼란에서 벗어난 사람들에게 평화와 행복을 선사한다. 따라서 보리심에 견줄 만한 미덕은 없다.

우리는 다른 사람이 베푼 은혜에 보답하는 사람을 보면 칭찬한다. 그럴진대 부탁을 받은 적도 없는데 다른 중생이 행복하기를 바라며 끊임없이 보살피는 보살들은 말할 필요가 있겠는가. 겨우 반나절 굶은 사람에게 식사 한 끼를 대접하면 세상 사람들은 칭찬한다. 그렇다면 오랜 세월 동안 무수한 중생을 부처의 경지로 이끌기 위해 애쓴 보살은 더 말할 필요가 있겠는가? 다른 중생을 돕겠다는 마음을 키운다면 평화와 행복의 원천인 위대한 공덕은 자연스럽게 쌓일 것이다. 다른 중생의 목적을 실현하는 일에 헌신하면 자신의 목적은 저절로 실현될 것이다. 그래서 나는 사람들에게 말하길 최고의 것을 원한다면 타인을 돕기 위해 일하라고 한다. 다른 중생의 행복은 안중에도 없고 자신의 행복에만 급급한 사람은 가장 어리석은 방식으로 소망을 성취하려고 애쓰는 것이다.

우리가 민주주의나 민주적인 권리에 대해서 말하는 것은 다수의 행복에 관심을 둔다는 것을 의미한다. 다수의 행복에 더 많은 관심을 기울일수록, 사회 복지를 위해 더 많은 일을 할수록 우리의 평화와 행복도 커진다. 반대로 자신의 방식을 강요하고, 자신의 의견을 강요하는 독재적인 방식으로 타인을 억압했다면 타인의 평화와 행복은 물론 자신의 소망마저 실현할 수 없다. 많은 사람들을 괴롭히고 억압할수록 불행한 일이 더 많이 발생하는 깃은 당연한 이치다. 마찬가지로 다른 사람들을 돕기 위한 일을 많이 하면 할수록 모든 사람들에게 더 많은 도움을 줄 것이다. 한 국가의 국민이 되면 권리도 있지만 의무도 있는 것처럼 부처님과 보살님의 제자인 우리도 이행해야 할 의무가 있다. 바로 모든 중생을 돕는 것이다. 우리 스스로가 실천하겠다고 약속을 했다. 약속을 지키기 위해 과거에 저지른 잘못을 솔직하게 인정하고 또 미래에는 같은 잘못을 되풀이하지 않겠다는 맹세도 했다. 그러니 이제부터는 다른 중생에게 도움이 되는 일만 하고 피해를 주는 일을 안 하기 위해 노력해야 한다.

요컨대 이것은 우리 대부분이 따라야 할 과정이다. 일부 특출한 사람들의 경우에는 과거에 쌓은 선업 덕분에 해탈을 빨리 할지도 모른다. 하지만 우리들 대부분은 깨달음이나 열반에 이르는 데 있어 그런 기적을 바랄 수 없다. 씨앗을 뿌리거나 묘목을 심을 때 바로 꽃이 피고, 열매가 달릴 것이라고 기대하지 않는다. 내가 어렸을 때 씨앗을 심었던 일이 기억난다. 그때 나는 며칠도 안 돼 씨앗이 어떻게 되었는지 궁금해서 땅을 파헤치곤 했다. 그렇게 하면 안 된다. 자연의 순리를 따라야 한다. 우리가 자연을 법칙을 어기고 한순간에 깨달음을 얻기를 바란다면 실망할 것이다. 사람들이 삼 년 삼 개월, 즉 천 일 안에 깨달음을 성취하는 것에 대해 자주 말을 한다. 이 말은 중국 공산당의 선전만큼이나 터무니없는 말이라고 나는 농담처럼 말한다. 깨달음을 목표로 안거수행에 들어가지만 삼 년 삼 개월이 지난 다음, 대개는 이전과 거의 같은 보통 사람으로 돌아온다. 변한 점이 있다면 머리카락이 좀 길었을 뿐이다. 우리가 억겁 동안 수행을 하겠다고 서원을 했다고 해도 장기적인 안목을 갖고 깨달음에 접근하는 것이 중요하다.

지혜로 보완된 착한 마음인 보리심은 부처 경지에 이르게 하는 유일한 원인이다. 보리심을 기르려면 먼저 악행을 정화하고 공덕을 쌓아야 한다. 이것이 중요하다. 보리심이 마음에 미치는 영향을 느끼기 시작하고, 경험을 통해 보리심의 진가를 인정하기 시작할 때 수계를 받아야 한다. 보살의 삶을 실제 따르는 것으로 보리심을 견고하게 쌓아 가야 한다.

# 고요한 죽음

삶을 의미 있게 살았다면
죽음을 맞이하는 순간, 후회를 덜할 것이다.
삶을 살아온 방식이 곧 죽음을 맞이하는
방식이다.

2

평화롭게 살다가 고요하게 죽는 방법이 있다고 하면 누구나 솔깃할 것이다. 우리는 죽음을 고통으로 받아들인다. 누구나 피하고 싶어 하지만 아무도 피할 수 없다. 달갑지 않은 죽음이지만 두려움 없이 마주하는 것이 불가능한 것은 아니다. 죽음을 맞이하는 순간, 마음을 고요하고 편안하게 유지하도록 만드는 요인 가운데 하나는 우리가 삶을 살아온 방식이다. 삶을 의미 있게 살았다면 죽음을 맞이하는 순간에 후회를 덜 할 것이다. 살아온 방식이 죽음을 맞이하는 데 큰 영향을 미친다.

일상생활을 긍정적으로, 또 의미 있게 살았다면 비록 원하지 않더라도 죽음이 다가올 때 기꺼이 삶의 일부로 받아들일 것이다. 후회하지 않을 것이다. 그러면 일상을 의미 있게 산다는 것이 무슨 뜻이냐고 묻는 사람이 있을지도 모르겠다. 자신과 타인에게 고통을 주는 것이 목적인 삶을 사는 사람은 없을 것이다. 인간은 사회적 동물이고 우리의 행복은 많은 요소에 의존하고 있다. 현실과 조화를 이루며 산다면 우리 인생을 의미 있게 만드는 것이다.

우리는 혼자 살 수가 없다. 사는 데에 의식주가 필요한데 모두 다른 사람의 수고를 통해 우리에게 제공된다. 우리의 기본적인 행복은 남들에게 의존하고 있다. 이런 현실에 부합되게 사는 것이 삶을 의미 있게 사는 것이다. 우리의 평

화와 행복이 다른 사람들에게서 영향을 받기에 타인을 보살
피는 것은 당연한 일이다. 그런데도 우리는 자신이 혼자서
모든 것을 달성했다고 생각하는 경향이 있다.

우리의 주요 관심사가 개인의 행복이라 해도 우리는 더
넓은 시각을 지녀야 한다. 더 넓은 시각을 지니면 다른 사람
을 걱정하는 마음과 헌신하는 마음이 저절로 일어날 것이
다. 이런 마음은 신성하고 특별한 것이 아니다. 그저 자신이
타인에게 의존해서 살고 있다는 것을 아는 것이다. 이런 관
점은 지극히 현실적인 관점일 뿐만 아니라 세속적인 윤리의
기본이기도 하다. 힘으로 문제를 해결하면 타인의 권리나
견해를 무시하는 결과를 초래한다. 비폭력적인 접근은 대화
와 이해를 포함하고 있기에 인간적인 해결 방식이다. 인간
의 대화는 서로를 존중하고 이해하려고 할 때 가능하다. 이
것이 일상생활을 의미 있게 만드는 방법이다.

나는 평소에 불교의 본질을 이렇게 설명한다. "우리는
최선을 다해서 남들을 도와야 한다. 적어도 남들을 도울 수
없다면 최소한 해치지는 말아야 한다." 이것이 부처님이 우
리에게 준 가르침의 본질이다. 이 관점은 세속적인 측면에
서도 적절하다. 어떤 사람이 자비로운 마음으로 남들과 관
계를 맺는다면 그는 틀림없이 더 많이 행복한 사람이 될 것
이다. 당신이 악행을 저지른 결과로 일시적인 이익을 얻었

다면 마음 깊은 곳에서는 항상 불안감이 자리하고 있을 것이다. 자비심 즉 자비로운 마음가짐이란 동정심을 뜻하는 것이 아니다. 현대의 경쟁 사회에서는 가끔 강경한 입장을 취해야 할 때가 있는데, 강경하면서도 자비로울 수 있다. 그렇게 살아온 사람이라면 후회 없이 죽음을 맞이하고 행복하게 삶을 마무리할 것이라고 나는 확신한다.

## 죽음은 삶의 일부

억겁 단위로 측정되는 부처님 법을 따르고, 몇 생애에 걸쳐 수행을 하겠다는 마음을 일으키면 죽음을 새롭게 바라볼 것이다. 윤회한다는 관점에서 보면 죽음은 마치 옷을 갈아입는 것과 비슷하다. 오래 입은 옷이 낡으면 우리는 새 옷으로 갈아입는다. 이런 관점은 죽음을 대하는 마음가짐에 영향을 미친다. 죽음이 삶의 일부라는 인식이 명확해진다. 거친 의식은 뇌에 의존하기 때문에 뇌가 작용하는 동안에만 작용한다. 거친 의식은 뇌가 정지하는 즉시 작용을 멈춘다. 뇌라는 장치가 있어야 거친 의식은 생겨난다. 그런데 마음의 실질적 원인인 미세 의식은 다르다. 이 마음은 시작이 없다.

우리가 죽어 가고 있을 때, 거친 의식이 해체되는 순간까지는 다른 사람이 옆에서 긍정적인 마음 상태를 지속할 수 있도록 도와 줄 수 있다. 그러나 미세 의식 상태에 들어가면 자신이 쌓은 업만이 자신을 도울 수 있다. 그 시점에 이르면 누구도 우리에게 도덕적인 수행을 상기시킬 수 없다. 그래서 젊었을 때부터 죽음에 대한 인식을 높이고, 의식이 해체되는 과정에 익숙해지는 것이 중요하다. 명상을 통해서 마음이 해체되는 과정을 미리 연습을 해 두면 실제 죽는 과정에서도 그렇게 할 수 있다. 그러면 죽음을 두려워하는 대신에 즐겁게 맞이할지도 모른다. 오랫동안 죽음을 준비해 왔기 때문에 두렵지 않다고 느낄 수도 있다.

명상을 통해 깊은 단계의 미묘한 의식을 경험하고 나면 실제로 죽음을 조절할 수 있다. 물론 상급 단계 수행에 도달했을 때만 가능하다. 밀교 수행에서는 의식 이동 같은 상급 수행이 있기는 하지만 죽을 때 가장 중요한 수행은 보리심이라고 나는 믿는다. 보리심이 가장 강력하다. 나는 일상적 수행을 할 때 여러 밀교 수행과 관련시켜 죽음의 과정을 하루에 일고여덟 번씩 명상을 하지만 내가 죽을 때 보리심을 기억하기가 가장 쉬울 것이라고 여전히 믿고 있다. 보리심은 실제로 내가 가장 친밀하게 느끼는 마음이다. 물론 우리가 죽음을 명상함으로써 죽음을 준비하기 때문에 더 이상 죽음을 걱정할 필요가 없다. 나는 아직 죽음과 마주할 준비가 되어 있지 않지만 실제로 죽음과 마주하면 내가 어떻게 대처할지가 가끔은 궁금하다. 내가 더 오래 산다면 그만큼 더 죽음을 잘 맞이할 것이다. 삶에 대한 나의 의지는 죽음을 맞이하는 나의 설렘과 동일하다.

죽음을 기억하는 것은 불교 수행의 일부이다. 여기에는 다양한 측면이 있다. 먼저, 지금 이 삶과 이 삶이 갖고 있는 매력에서 초연해지기 위해 죽음을 끊임없이 명상하는 것이다. 한편으로는 죽음의 과정을 미리 연습하는 것이다. 죽을 때 경험하는 다양한 층위의 마음에 익숙해지는 것이다. 거친 의식이 멈춰질 때 미세 의식이 드러난다. 죽음의 과정을 명상하는 것은 이 미세 의식을 더 깊이 경험하기 위한 것이다. 그래서 중요하다.

죽음은 이 몸이 어떤 한계를 지니고 있음을 의미한다. 이 몸이 더 이상 유지될 수 없을 때 우리는 죽어서 새로운 몸을 갖는다. 죽고 나면 더 이상 이 몸은 존재하지 않지만 이 몸과 마음의 결합체였던 기본 존재, 즉 자아는 죽은 다음에도 지속된다. 미세한 몸은 남아 있다. 이런 관점에서 보면 그 존재는 시작도 없고 끝도 없다. 이 존재는 부처의 경지에 이를 때까지 남아 있을 것이다.

그런데도 사람들은 죽음을 두려워한다. 이 세상을 살면서 선행을 베풀었다면 그나마 다음 생이라도 보장받을 것이나 그것이 아니라면 악도에 태어날 가능성이 높다. 나와 티베트 사람들은 현생에 비록 조국을 잃고 망명 생활을 하고 있지만 그래도 인간 세계에 살고 있다. 다른 사람들에게 도움이나 지지를 요청할 수 있다. 그러나 죽은 다음에는 전혀 새로운 상황과 마주할 것이다. 지금 우리가 하는 일들은 대부분 도움이 안 된다. 우리가 적절한 준비를 하지 않는다면 더 불행해질 수 있다. 죽음을 준비하는 방법은 마음을 다스리는 것이다. 또 한편으로는 자비로운 마음가짐을 진지하게 기르고, 선행을 하고, 다른 중생에게 봉사하는 것을 의미한다. 또 다른 한편으로는 자신의 마음을 제어하는 것을 의미하는데 이것이 다음 생을 준비하는 데 있어 더 효과적인 방법이다. 이렇게 하다 보면 마침내 우리는 마음의 주인이 될 수 있다. 이것이 명상을 하는 주된 목적이다.

죽음 후에 일어나는 것에 대해 아무것도 믿지 않는 사람들은 죽음을 그저 삶의 일부로 여기는 것이 나을 것이다. 조만간 우리 모두는 죽음을 맞아야 한다. 최소한 이 사실에 대해서만은 의심의 여지가 없다. 죽음을 마주했을 때 두 가지 선택이 가능하다. 하나는 죽음을 외면하는 것이다. 죽음을 생각하지도 않는다. 그러면 최소한 마음은 고요한데 문제는 여전히 남아 있다. 그렇기 때문에 이 선택은 그리 바람직하진 않다. 조만간 우리는 죽음을 맞이해야 한다. 또 다른 선택은 문제를 직시하고 죽음을 철저하게 분석하는 것이다. 실제로 전쟁에 나가 싸울 때보다 싸우기 전이 더 두려웠다고 말하는 군인들을 만난 적이 있다. 우리가 죽음을 거듭 생각한다면 죽음의 개념에 익숙해진다. 죽음이 실제로 우리에게 다가왔을 때 덜 당황하고, 충격을 덜 받을 것이다. 그러므로 나는 죽음을 생각하고 죽음을 말하는 것이 도움이 된다고 생각한다.

우리는 삶을 의미 있게 만들어야 한다. 경전에서는 윤회 세계를 가을 하늘에 떠 있는 구름에 비유한다. 일시적이라는 것이다. 연극을 할 때 배우들이 무대에 등장하고 퇴장하는 것을 지켜보면 인간의 탄생과 죽음을 이해할 수 있다. 배우들이 처음에 어떤 의상을 입고 나왔다가 다음 장면에서는 다른 의상으로 갈아입고 나오기도 한다. 짧은 공연시간 동안에 그들의 의상이 여러 번 바뀐다. 우리 존재도 그와 같다. 인간의 생명이 쇠퇴하는 것은 하늘에 번개가 치는 것이나 가파른 비탈에 바위가 굴러 가는 것에 비유될 수 있다. 물은 항상 아래로 흐른다. 물이 위로 흐르는 것은 불가능하다. 우리가 의식하지 못한 사이에 생명은 다하고 만다. 수행의 가치를 인정하는 사람들이라면 다음 생을 염두에 두겠지만 우리 대부분은 현생의 목적에만 집중한다. 그렇기 때문에 우리는 무지에 휘둘리고 윤회 속에 갇혀 있다. 인생을 낭비한다. 태어나는 순간부터 우리는 죽음을 향해 나아가고 있다. 그런데도 맛있는 것을 먹고, 좋은 옷을 입고, 내 편을 만드는 일에 생명을 소비한다. 죽는 순간, 우리는 모든 것을 두고 떠나야 한다. 심지어 동행할 가족이나 친구도 없이 혼자 떠나야 한다. 혼자 떠나는 이 여행에서 '나'를 도와줄 단 한 가지는 살아생전 수행을 통해 마음에 쌓아 둔 긍정적인 생각들뿐이다. 우리가 인생을 낭비하는 것을 멈추고 수행을 하려면 모든 것은 늘 변한다는 무상無常, 반드시 죽는다는 사실, 몸은 본래 일시적이고 흩어지기 마련이라는 사실을 명상해야 한다.

수행은 단지 현생만 이롭자고 하는 것은 아니며 다음 생의 행복과 평화를 기약하기 위해 하는 것이다. 수행을 할 때 조심해야 하는 한 가지는 오래 살 수 있을 것이라는 마음이다. 우리는 마치 한곳에 정착하기로 작정한 사람들 같다. 그런 사람들은 자연스럽게 세상사에 관여하고, 재산을 모으고, 건물을 짓고, 농사를 짓는다. 반면에 죽음 이후 다음 생에 관심이 더 많은 사람은 여행을 좋아하는 사람과 같다. 여행자는 목적지에 잘 도착하기 위해 만반의 준비를 한다. 수행자는 죽음을 명상했기 때문에 현생의 일들 ─ 명성·명예·재산·지위 ─ 에 덜 집착하게 된다. 죽음을 명상하는 사람은 세상살이에 필요한 일을 하는 동안에도 다음 생에 평화와 기쁨을 가져올 수 있는 힘을 키우기 위해 시간을 낸다.

## 죽음을 명상하는 이익과 손해

죽음을 명상해서 얻는 이익과 그것을 무시해서 입는 손해를 제대로 아는 것은 도움이 된다. 첫째, 우리로 하여금 열심히 수행하게 하는 것은 무상無常과 죽음에 대한 명상이다. 죽음에 대한 명상은 우리를 눈뜨게 한다. 조만간 이 세상을 떠나야한다는 사실을 자각하면 우리는 다음 생에 관심을 갖게된다. 이 자각은 자동적으로 수행을 하도록 만든다. 둘째, 죽음에 대한 명상은 수행을 지속적으로 하도록 하는 강력한 장치이다. 수행이든 일상이든 어떤 일을 하다 보면 난관에 부딪치거나 문제가 생기기 마련이다. 죽음에 대한 명상이 지니는 힘은 우리 삶에서 일어날 수 있는 모든 어려움을 직시하도록 한다. 마지막으로 죽음에 대한 명상은 우리가 수행을 성공리에 완성할 수 있도록 하는 자극제 구실을 한다. 그러므로 죽음에 대한 자각은 수행 전반에 필수적이다. 수행자인 우리는 죽음 이후에 일어날 일들에 더 관심을 가질 것이다. 그리고 번뇌와 악행을 없애 지금 이 생을 더 의미 있게 만들 것이다.

죽음을 염두에 두지 않는 데서 오는 손해도 많다. 죽음을 생각하지 않고 살면 수행에 관심을 가질 기회가 거의 없다. 죽음에 대한 자각이 없으면 수행이 느슨하고 효과도 없다. 주로 세속적인 일에만 몰두할 것이다. 계를 받고 매일

기도문을 외는 사람이라도 죽음에 대한 자각이 약하면 위기가 닥쳤을 때 보통 사람들처럼 행동할 것이다. 화내고, 집착하고, 질투하면서 일반 사람들과 똑같이 굴 것이다. 티베트에 이런 격언이 있다. "호의호식하고 일이 잘 풀릴 때는 수행자처럼 보인다. 그러나 위기가 닥치면 본성을 드러낸다." 우리 일상을 보면 대부분이 이렇다는 것을 알 수 있다.

죽음을 자각하지 못한 우리 마음에는 세속적인 일들로 가득하다. 재산을 늘리고, 지위를 얻고, 명성을 얻는 일에 사로잡혀 있기 때문에 악행을 저지를 때나 겨우 주춤거린다. 죽음에 무관심한 사람은 다음 생에 당연히 무관심하다. 그런 사람은 정신적 가치나 종교적 가치를 깎아 내리고 쉽게 번뇌에 휘둘리고 악행도 범한다. 그 결과, 그런 사람은 타인은 물론 자신에게까지 해를 끼친다. 해악의 뿌리가 된다.

우리가 죽을 것이라는 사실을 잊어버리면 우리는 잘 먹고 잘 사는 것만 생각할 것이다. 좋은 집, 멋진 옷, 맛난 음식이 주요 관심사일 것이다. 기회가 있으면 남을 속이고, 겁주는 일도 서슴지 않을 것이다. 심지어 이런 악행을 실력 있고 유능한 사람들의 특징이라고 여길지도 모른다. 이런 걸 보면 우리는 미래를 생각할 만큼 긴 안목과 지혜를 갖추지 못했다는 것이 분명하다. 우리는 앞으로 수많은 생을 살아야 하는데 그 미래에 관해 아무것도 모른다. 완전히 캄캄하다.

우리가 이런 상황에 처해 있다는 사실을 망각할 때 파괴적인 행동을 하기 쉽다.

이 사람들을 비교해 보자. 독재자인 히틀러와 모택동, 그리고 수행자인 밀라레파Milarepa(1040-1123)와 총카파 Tsongkhapa(1357-1419). 이들은 인간의 생명과 지성을 가졌다는 점에서는 동일하다. 그러나 세상의 평가는 정반대다. 히틀러와 모택동 같은 사람들은 세상의 비난을 한 몸에 받고 있다. 그들이 저지른 악행은 실로 충격적이다. 반면에 티베트의 위대한 수행자인 밀라레파와 총카파는 사람들의 추앙을 받는다. 두 수행자가 영감을 주리라 기대하며 절실한 마음으로 기도를 한다. 네 사람 모두 인간으로서 지닌 잠재력은 동일하지만 행동은 달랐다. 그들에 대한 평가 역시 다를 수밖에 없다. 히틀러와 모택동은 인간의 지성을 파괴적으로 사용했으며 밀라레파와 총카파는 인간의 지성을 건설적으로 사용했다.

번뇌가 우리 마음을 지배하도록 내버려 둔다면 미래에도 우리 삶을 파괴할 것이다. 그 결과 우리는 후회하면서 숨을 거둘 것이다. 우리가 살아 있는 동안에는 훌륭한 수행자처럼 보였을지 모르지만 실제로 진정한 수행은 하지 않았을 것이다. 수행자로 불리던 사람의 이야기가 있다. 그 사람은 자신이 죽으면 분명히 정토에 환생할 것이라고 자랑하곤 했다. 그러다가 불치병에 걸렸다. 그 사람이 곧 죽으리라는 것을 안 친구들이 이렇게 말했다. "자네는 걱정이 없겠어. 정토에 환생할 테니 말일세! 그런데 우리는 어쩌나? 우리가 의지할 데도, 친구도 없으니." 그러자 그 껍데기만 수행자인 그 사람이 말했다. "우리한테 죽음이란 게 없으면 더 좋을 텐데." 정토 환생을 장담하던 그 사람도 죽음이 가까워 오자 정토를 생각하기는커녕 곧 닥칠 죽음을 한탄하고 있었다.

죽음에 대한 자각은 형식적 명상과 분석적 명상을 통해 발달시킬 수 있다. 우리는 먼저 죽음의 확실성을 지성적으로 이해해야 한다. 죽음은 모호하고 관념적인 것이 아니라 명백하고 확인이 가능한 사실이다. 우리가 사는 이 지구 나이는 약 50억 년이고, 이 지구상에 인류가 산 것은 10만 년 정도라고 한다. 그 긴 세월 동안 죽지 않은 자가 있는가? 깊은 바다 속에 숨든, 하늘로 날아가든, 그 어디에 있든 우리는 죽음을 절대로 피할 수 없다.

## 예외가 없는 죽음

죽음 앞에서 우리 모두는 공평하다. 누구든 죽는다. 스탈린과 마오쩌둥은 우리 시대에 권력을 가장 강력하게 휘두른 자들이다. 그들 역시 죽음을 맞이했다. 아마도 그들은 두려움 속에서 불행하게 죽음을 맞았을 것이다. 살아생전 독재자로 군림할 때 그들은 명령이 떨어지기만을 기다리는 부하와 수행원들에게 둘러싸여 있었을 것이다. 그들은 무자비하게 통치했다. 권위에 도전하면 무엇이든 처부술 태세를 갖추고 있었다. 하지만 죽음을 맞았을 때 그토록 충성을 다하던 부하들, 그들이 의지했던 모든 것 — 권력, 무기, 군사 — 이 소용이 없었다. 그런 상황에서는 누구라도 두려움을 느낄 것이다. 죽음에 대한 자각을 기르면 삶을 좀 더 의미 있게 살 수 있다. 이것이 죽음에 대한 자각의 이로움이다. 우리는 한순간의 즐거움보다 영원한 행복과 평화를 더 중요하다고 여길 것이다. 죽음을 기억하는 것은 망치로 부정적인 생각과 번뇌를 깨는 것과 같다.

자비로운 석가모니 부처님을 시작으로 우리 시대의 위대한 스승들에 이르기까지 모든 스승의 이름과 훌륭한 업적을 떠올리면 마치 그들이 지금 우리 곁에 있는 것처럼 느껴질지도 모른다. 그러나 그들은 모두 열반했다. 우리가 볼 수 있는 그들의 흔적이란 약간의 사리, 한 줌의 재와 뼈뿐이다. 석가모니 부처님도 성지에 모셔져 있는 사리나 뼈로 만날 수밖에 없다. 사리나 뼈를 보고 나면 쓸쓸한 생각이 들지도 모른다.

고대 인도의 저명한 불교 학자들 가운데 지금 살아 있는 분은 아무도 없다. 역사책에서나 그들을 만날 수 있다. 훌륭했던 그들도 기록의 단편에 지나지 않는다. 전례 없는 권력을 휘두른 제왕들도 죽음 앞에서는 무력했다. 그들 역시 최후의 운명에 굴복했다. 역사 속에서도 죽음은 긴박하고 보편적인 사실임을 절감하게 된다. 무상無想은 현실이다. 이 사실을 인식하면 우리는 더 나은 수행자가 되어야겠다는 결심을 할 것이다. 세상의 존경을 받던 지도자도, 악명 높은 폭군도 모두 죽었다. 그 누구도 죽음을 피할 수가 없었다. 이 사실을 자신에게 대입해 보라. 우리에겐 가족, 친구, 친지들이 있다. 그들 가운데 일부는 죽었고 우리는 그 슬픔을 받아들여야 했다. 머지않아 다른 이들도 죽음을 맞이할 것이다.

백 년 후, 세상은 이곳에서 제14대 달라이 라마가 설법을 했다고 말할 것이다. 그때도 이 건물들이 그대로 있을지, 무너졌을지 모르겠으나 이 자리에 있는 우리 가운데 그 누구도 살아 있지는 않을 것이다. 죽음은 무작위 추첨과 비슷하다. 태어난 순서나 나이를 고려하지 않는다. 일반적으로 우리는 늙은 사람이 먼저 죽고 젊은 사람이 나중에 죽을 것이라고 생각한다. 그러나 주변에 보면 자식이나 손자, 손녀가 먼저 떠나 부모나 심지어 조부모가 장례를 치르는 경우도 꽤 있다. 만일 우리에게 힘이 있다면 염라대왕이 젊은 사람들을 데리고 가는 것을 금지하는 법을 통과시켰을 것이다. 젊어 죽은 사람들은 이 세상을 제대로 살아 보지도 못했다. 하지만 누가 먼저 죽고 누가 나중에 죽을지 알 수 없는 것이 세상 이치다. 염라대왕을 법정에 세울 수만 있다면 우리는 틀림없이 그렇게 할 것이다. 하지만 어떤 권력도 죽음을 체포할 수가 없다. 아무리 부자라 해도 죽음을 매수할 수 없고, 아무리 교활한 사람도 죽음을 책략으로 속일 수 없다.

우리들 가운데 자신을 소중하게 여기지 않는 사람은 없다. 자신을 위하는 일이라면 무엇이든 다 한다. 건강하게 살고 오래 살기 위해 규칙적인 식사도 하고, 운동도 한다. 조금만 아파도 의사를 찾아가 치료를 받는다. 곤란과 장애를 피하기 위해 기도도 한다. 이 모든 노력에도 불구하고 죽음은 어느 날 우리를 찾아올 것이다. 죽음이 닥치면 그 누구도 도와줄 수가 없다. 우리가 아파서 부처님 발아래 머리를 조아리고 빌면 약사여래가 와서 고쳐 줄지도 모르지만 죽음이 닥칠 때는 부처님도, 보살님도 우리를 도와줄 수 없다. 목숨이 다하면 우리는 떠나야 한다. 죽음이 확실히 온다는 사실을 분명하게 이해했을 것이다. 우리가 어디에 있건, 그 누구이건 상관없이 수명의 시계는 재깍재깍 가고 있다. 스물네 시간이 지나면 하루가 간다. 삼십 일이 지나면 한 달이 간다. 열두 달이 지나면 일 년이 간다. 그리고 우리 생애는 끝날 것이다.

물론 그저 우리가 살아 있다는 사실만으로 수행을 보장

할 수는 없다. 가르침에 따라 수련을 하고 다르마에 맞게 살기 위해 노력을 할 때나 수행을 보장할 수가 있다. 스물 살 무렵까지는 어리니까 수행을 안 해도 된다고 말한다. 3-40대에는 "수행을 해야지, 해야지!" 하면서 시간을 보낸다. 5-60대가 되면 늙고 기운이 부쳐 공부를 할 수 없다고 한탄을 하면서 세월을 보낸다. 이렇게 우리는 인생을 낭비한다. 이상한 것은 우리 몸은 늙고 병들어 가는데 번뇌는 여전히 생생하다. 번뇌는 결코 나이를 먹지 않는다. 나이를 먹어 가면서 성욕이 줄지는 모르겠으나 번뇌는 여전히 강력할 것이다.

우리는 어린 시절을 대부분 놀면서 보낸다. 나도 어릴 때 같이 놀아 주던 친구가 주변에 많았다. 친구들 가운데는 내가 살던 왕궁의 청소부들도 여럿 있었다. 어느 날, 한 친구가 초급 논리학에서 다루는 주제인 '서로 다른 색상'에 대한 질문을 했다. 나는 어리기도 했고 질문의 답을 몰랐다. 그때부터 약이 올라서 열심히 공부하기로 결심을 했다. 열대여섯 살 즈음에 『깨달음으로 이끄는 수행의 단계(람림Lamrim)』을 배우기 시작했으나 그 무렵 중국 공산당이 티베트를 침략하는 바람에 공부에만 집중하기가 어려웠다. 스물네다섯 살부터는 수행에 전념하려고 애썼지만 중국과 협상에 전력을 기울여야 했다. 망명하고 난민이 된 것이 스물다섯 살 때였다. 이십대 후반부터 삼십대 초반까지 정말 열심히 공부했다. 망명한지 35년이 지났고 이제 육십 대가 되었다.

수행을 해 보겠다는 강한 의지는 있었으나 이렇게 내 인생은 흘러갔다. 유일하게 위안이 되는 것이 있다면 제1 대 달라이 라마였던 겐둔 둡Gendun Drupa(1391-1474)의 사연이다. 스님도 수행에 전념하려고 했으나 할 수 없었다. 겐둔 둡 스님은 타시 룬포Tashi lhunpo 사원을 건립하면서 동시에 제자들을 가르쳤다. 스님의 전기를 읽어 보면 얼마나 바삐 살았는지를 알 수 있다. 어느 날, 제자 한 사람이 말했다. "산중에 머물면서 좀 더 깊이 있게 수행을 하고 싶습니다." 그러자 겐둔 스님은 침통하게 대답했다. "내가 캉첸Kangchen 암자에 머물고 있을 때는 일이 많지 않았다. 계속 암자에 머물러 수행을 했다면 지금쯤 큰 깨달음을 얻었을지는 모르겠으나 많은 사람들을 돕겠다는 소망을 실현하지는 못했을 것이다. 나는 다른 사람을 돕기 위해 수행의 기회를 포기했다. 나는 수행을 하는 마음으로 타시 룬포를 짓고 있다." 이 말씀은 내게 조금이나마 위안이 된다. 독송, 기도, 안거 같은 수행에 전념을 할 수는 없으나 최대한 많은 사람들을 도우려고 노력한다. 물론 약간의 수행을 하기는 하나 달라이 라마로서 많은 직무를 하다 보면 수행에만 오로지 집중할 수가 없다. 내가 하고 싶은 말의 요점은 우리가 세상만사를 즐기면서 편안하게 수행할 생각을 한다면 다르마를 성취하기란 정말로 어렵다는 것이다.

감포파Gampopa(1079-1153)는 스승인 밀라레파 곁에 오랫
동안 머물면서 모든 가르침을 듣고 그것을 익혔다. 감포파
가 떠날 때가 되자 밀라레파는 이렇게 말했다. "네게 줄 가
르침이 아직 하나 더 있다마는 지금 알려 주는 것은 적절하
지 않은 것 같다." 그러자 감포파가 스승께 간절히 청했다.
"부디, 제게 그 가르침을 주십시오. 스승님께서 갖고 계신
것이면 무엇이든지 제게 주십시오." 그러나 밀라레파는 아
무 말도 하지 않았고, 감포파도 제 갈 길로 떠나려고 했다.
그때 밀라레파가 감포파를 불러 세웠다. "잠깐 기다려라. 너
는 내 하나밖에 없는 외아들과 같으니 내 마지막 가르침을
너에게 주겠다." 그렇게 말하면서 밀라레파는 옷을 들어 올
려 굳은살이 박인 엉덩이를 보여 주었다. 그것은 밀라레파
가 치열하게 명상을 했다는 증거이다. 그러고는 덧붙여 말
했다. "네가 정말로 열심히 수행을 하면 부처의 경지에 이를
것이다. 우리는 늘 다르마의 잠재력을 자랑스럽게 말한다.
그리고 한 생에 성불할 수 있다고 말한다. 그것이 가능한지
는 네가 얼마나 열심히 수행을 하는가에 달렸다."

## 내일보다 죽음이 먼저 올지도 모른다

죽음에 대한 자각을 발전시키는 과정에서 죽음이 얼마나 예

측할 수 없는 것인지도 기억해야 한다. 이를 잘 대변하는 속담이 있다. "내일이 먼저 올지, 내생이 먼저 올 지는 아무도 모른다." 언젠가는 죽음이 찾아오리라는 사실은 우리 모두 알고 있다. 문제는 우리가 죽음을 늘 '먼 미래의 일'로 여긴다는 것이다. 그리고 늘 이런저런 일로 바쁘게 산다. 그래서 죽음이 언제 올지 예측할 수 없다는 것을 명상해야 한다. 이는 아주 중요하다. 경전에 보면 타락한 시대의 사람들 수명은 불확실하다고 설명하고 있다. 죽음에는 어떤 규칙도, 순서도 없다. 죽음은 늙은 사람, 젊은 사람, 돈이 많은 사람, 가난한 사람, 아픈 사람, 건강한 사람을 가리지 않는다. 아무 때나 불쑥 찾아온다. 건강하던 사람이 예기치 못한 상황에서 갑자기 죽기도 하고 반면 누워 지내는 병약한 환자가 오래 살기도 한다.

죽음에 이르는 원인과 목숨을 유지하는 방법을 비교해 보면 죽음을 왜 예측할 수 없는지 알 수 있다. 우리는 우리 몸이 강하고 오래 갈 것이라고 믿으며 소중하게 여긴다. 하지만 현실은 우리 희망을 저버린다. 우리 몸을 바위나 쇠 같은 것에 비교해 보자. 얼마나 허약하고 연약한가. 건강하게 살고, 목숨을 부지하기 위해 음식을 먹지만 음식조차 우리를 병들게 하고 죽음으로 내몬다. 우리의 영원한 생명을 보장해 주는 것은 아무것도 없다.

현대 과학과 기술의 발전은 풍족하고 더 나은 삶을 바라는 인간의 욕망이 명확하게 표출된 것이다. 우리는 새로운 기기들이 마치 목숨을 부지하기 위한 수단이나 되는 것처럼 집착을 한다. 자동차, 기차, 배, 비행기가 우리 삶의 질을 높이고, 편의를 제공하고, 안락을 선사했지만 때로는 우리를 정신적으로, 육체적으로 곤경에 빠뜨리는 경우도 빈번하다. 교통사고로 인한 사망자가 얼마나 많은가. 안전하고도 빨리 이동하고 싶은 우리의 욕망이 빚어낸 결과다. 사람들은 경고도 없이 죽음을 맞아야 한다. 우리 삶을 안전하게 보호하려고 애써 보지만 곳곳에 위험이 도사리고 있다. 죽음이 언제 닥칠지 우리는 결코 알지 못한다.

우리는 죽음을 삶의 끝이라 여겨 두려워한다. 설상가상 죽음 앞에서는 평생을 바쳐 쌓아 온 것들 — 재산, 권력, 명성 그리고 가족과 친구들 — 이 아무런 도움이 되지 않는다. 막강한 군사를 통솔하는 권력자라 해도 죽음으로부터 자신을 지킬 수 없다. 부자라면 최상의 치료를 받을 수는 있지만 온 몸으로 퍼져 나가는 죽음으로부터 자신을 지켜 줄 전문가를 고용할 수는 없다. 이 세상을 떠날 때, 모든 재산을 두고 가야 한다. 동전 한 푼 가지고 갈 수 없다. 가장 친한 친구도 동행할 수 없다. 혼자서 다음 세상을 맞아야 한다. 이때 수행의 경험만이 우리를 도울 수 있다.

스탈린과 모택동은 강력한 통치자들이었다. 평소 경비가 얼마나 삼엄한지 일반인들은 그들 곁에 다가갈 수도 없었다. 과거에 내가 베이징에 머물렀던 적이 있다. 매번 같은 집회장에서 모택동을 만나야 했다. 지금도 그때가 생생하게 떠오른다. 문마다 경호원들이 서서 우리를 감시했다. 죽음이 닥칠 때는 그런 경호원도 소용없다. 나 역시 마찬가지다. 달라이라마를 대신해 자신의 목숨을 바치겠다고 맹세하는 사람들이 있다. 하지만 죽음이 나를 덮칠 때 나는 혼자일 것이다. 달라이 라마라는 직책도 도움이 안 될 것이다. 제자도, 신도도 많은 승려라고 항변을 해도 소용이 없을 것이다.

이제 백만장자의 경우를 생각해 보자. 죽음이 엄습해 오는 순간, 그의 재산은 그에게 고통과 불행을 더할 뿐이다. 그 부자는 마지막 순간에 극심하게 불안해 할 것이다. 모든 것이 뜻대로 움직이지 않는다. 몸이 불편할 뿐만 아니라 마음도 그 어느 때보다 혼란스러울 것이다. 유산은 어떻게 분배할 것인지, 누구에게 남길 것인지로 고민을 해야 하니 괴로움은 커질 뿐이다. 이런 상황은 이해하기 모호한 철학적 가정이 아니라 일상적인 현실이다. 죽는 순간에, 죽은 다음에 재산이 무슨 소용이 있는가! 이를 제대로 인식하려면 이런 주제를 명상하는 것이 대단히 중요하다.

가족이나 친구들은 우리 인생에 큰 영향을 미친다. 운명을 결정하는 데 결정적인 역할을 한다. 그래서 특별하고 중요한 사람으로 대하고, 애정을 각별하게 보낸다. 소중한 그들이 없으면 못 살 것 같다는 생각마저 들기도 한다. 하지만 죽어 가는 순간에는 소중한 그들도 속수무책이다. 몇몇은 죽어 가는 우리를 위해 뭐라도 해 보려고 할 것이다. 하지만 숨을 거두는 순간, 가족이나 친구가 할 수 있는 것은 아무것도 없다. 그들이 할 수 있는 일이라곤 우리의 다음 생을 위해 기도하는 것뿐이다. 죽어 가는 순간, 가족과 친구가 도움이 되기는커녕 걱정만 끼치는 경우도 있다. 남겨지는 가족의 미래까지 걱정해야 하는 상황이라면 고통은 더 극심하게 몰려올 것이다. 자신은 죽어 가고 있는데 살아 있는 가족들의 앞날을 걱정한다.

우리 몸은 우리에게 대단히 소중하다. 잉태된 순간부터 몸은 우리에게 가장 신뢰할 수 있는 동반자이자 가장 굳건한 동반자였다. 그런 몸을 잘 보살피기 위해서 우리는 최선을 다한다. 배고프면 음식을 먹고, 목마르면 물을 마셨다. 피곤하면 휴식도 취했다. 소중한 우리 몸을 보살피고, 편하게 하고, 보호하는 일이라면 무엇이든 할 태세를 갖추고 있다. 공정하게 말하자면 몸도 우리에게 봉사를 한다. 몸은 주인인 우리가 하는 다양한 요구를 항상 들어 줄 준비를 하고 있다. 더 놀라운 것은 마음의 움직임이다. 마음은 매순간 움직인다. 우리가 그 무엇을 하든, 심지어 잠을 자는 순간에도 마음은 쉬는 법이 결코 없다. 죽음이 닥칠 때면 우리는 몸을 포기한다. 몸과 마음은 분리가 되고, 그토록 소중했던 우리 몸도 그저 끔찍한 시체가 되고 만다. 따라서 죽음과 마주하는 순간, 재산·명예·가족과 친구·우리의 몸조차도 우리를 도울 수 없다. 미지와 직면한 우리를 도울 수 있는 단 한 가지는 의식의 연속체 속에 심어 놓은 선업뿐이다. 그렇기 때문에 수행은 우리 삶을 의미 있게 만드는 것이다.

대체로 사람들은 죽음을 깊이 있게 거론하는 것에 그다지 관심이 없다. 눈을 감고 외면한다고 해서 죽음이 사라지는 것은 아니다. 우리가 처한 상황과는 무관하게 죽음을 맞아야 한다, 언젠가는. 따라서 미리 준비를 하려면 죽음의 과정을 명상하는 것이 도움이 된다. 이 명상은 죽음의 과정을 상상하는 것이다. 우리는 명상을 통해 죽음이라는 중대한 상황을 생생하게 경험하는 것이다. 효과적이려면 죽음의 확실성을 명상한 다음에는 죽음의 과정을 명상해야 한다. 이것은 죽음이 언제 찾아올지 알 수 없음을 명상을 할 때 도움이 될 것이다.

앞에서도 말했지만 죽음은 언제라도 찾아올 수 있다. 죽음은 특정한 시점에 찾아오는 것이 아니다. 죽음은 수명이 다하거나 공덕의 힘이 다했을 때 찾아온다. 아니면 갑작스런 사고로 죽음을 맞기도 한다. 병으로 죽을 수도 있다. 처음에 몸이 아프면 의사에게 진료를 받을 것이다. 치유가 불가능한 순간이 오면 종교에 의지하고, 기도를 할지도 모른다. 기도 덕분에 처음엔 차도가 있는 것처럼 느껴지겠지만 시간이 지나면 병세는 점점 악화될 것이다. 설상가상으로 병이 깊어지면서 의사가 명확한 진단을 내리기 어려운 상황이 벌어진다. 병상에 오래 누워 있다 보면 건강을 회복할 가능성은 점점 희박해지고, 푹신한 침대조차 불편하게 느껴질 것이다. 이렇게 많은 고통을 겪은 후에 몸은 점점 감각을 잃어갈 것이다, 시체처럼.

## 마지막 순간, 몸과 마음에서 일어나는 것들

죽어 가는 마음에서는 어떤 일이 벌어지고 있을까? 병상에 오래 누워 있었다면 마음도 나약해졌을 것이다. 활동적이고 총명했던 사람조차도 두뇌 활동이 둔해지고 기억력도 쇠퇴했을 것이다. 가까운 사람들 이름마저 기억을 못할 수도 있다. 때로는 극심한 고통으로 짧은 기도문도 외우지 못 할 수 있다. 이렇게 악화되면 희망을 잃기 시작하면서 살려는 의지와 결심에도 영향을 미친다. 다른 치료법은 없는 것인지, 왜 이런 고통과 시련을 겪어야 하는지 등을 생각하기 시작하면서 살 가망이 없다는 결론을 내릴 것이다. 회복도 안 되

고 죽지도 않는 우리를 보면서 가족들은 지쳐 간다. 제대로
된 보살핌을 받기는 점점 더 어려워질 것이다.

우리의 몸은 서서히 온기를 잃고 통나무처럼 **뻣뻣해진**
다. 과거 위대한 수행자들이 말했듯이 우리가 먹게 될 마지
막 식사는 보약 한 모금이거나 삼키기 어려운 약일지도 모른
다. 마지막 듣는 말은 경전을 암송하는 소리이거나 애도하는
울음소리일 것이다. 말로 다 표현할 수가 없다. 만약 부자라
면 여전히 재산 걱정을 하고 있을지도 모르겠다. 빌려 준 돈
을 못 받아 안타까워하거나 유산 분배로 고민을 할지도 모른
다. 이루 다 말할 수 없는 걱정과 고통에 휩싸여 있을 것이다.
마지막으로 몇 마디 말이라도 해 보려고 하지만 말소리는 입
밖으로 나오지 않는다. 말할 힘조차 바닥났을 때 입술만 달
싹댈 것이다. 그 모습은 참 애처롭고 가슴 아프다.

이 비참한 상황에서 우리 몸을 구성하고 있는 요소들이
서서히 해체되기 시작할 것이다. 여러 가지 환각에 시달린
다. 땅 속으로 가라앉는 느낌이 들거나 높은 곳에서 떨어지
는 느낌이 들지도 모르고, 화끈거리는 느낌이 들지도 모른
다. 몸에서 물의 요소가 빠져나갈 때 눈과 코는 움푹 들어가
고, 죄어들고, 혀는 건조해진다. 단단한 요소들이 해체될 때
몸은 앙상해진다. 불의 요소가 해체될 때 몸이 차가워진다.
바람의 요소가 해체될 때 몸을 움직일 수 없으며 호흡은 힘

들어진다. 숨을 가쁘게 쉬다 마지막 숨을 헐떡거리며 마실 것이다. 심장 박동이 멈추면 몇 분 안에 뇌 작용도 멈춘다. 그러면 의학적으로 사망자로 간주된다.

현대 의학에 따르면 호흡이 멎고 심장 박동이 멈추면 몇 분 안에 뇌 작용도 정지된다고 한다. 하지만 불교에서 설명하는 바에 따르면 아직 네 단계를 더 거쳐야 한다. 외부로 나타나는 작용은 더 이상 없고 내부에서 진행되는 느낌들만 있다. 네 단계를 거치는 동안 망자는 다른 색깔의 빛을 보게 된다. 처음에는 희끄무레한 빛, 그 다음에는 불그스름한 빛, 그 다음에는 검은 빛, 마지막으로 무한한 공간의 느낌이 있는데 이것을 '명료한 빛'(광명光明)이라고 한다. 거친 차원의 의식은 더 이상 존재하지 않지만 미묘한 의식은 육체에 머물고 있다. 의식이 '명료한 빛'에 머물 수 있는 능력은 높은 경지에 오른 수행자에게만 있는 것이지만 가끔은 보통 사람들이 우연히 그 빛에 머물기도 한다. 사후 '명료한 빛'에 머문 대표적인 수행자가 바로 내 스승인 링Ling 린포체이다. 내 스승은 그 상태에서 13일 동안이나 머물렀다. 그 시간 동안 몸에서는 광채가 나고 생기를 유지했다.

우리는 살아 있는 동안에 의식주를 해결하기 위해, 재산을 모으기 위해, 온갖 고생을 하지만 죽을 때는 모두 남기고 가야 한다. 유산을 물려받은 사람이 그것을 어떻게 쓸지 우리가 어찌 알겠는가? 가족들도 며칠은 우리의 죽음을 애도하며 보내겠지만 곧 자기들 몫을 챙기느라고 싸움이 벌어질 것이다. 우리 인생은 그렇게 소모된다. 묘지나 화장터에 갈 일이 있으면 시신들이 어떻게 처리되는지 살펴보라. 우리도 그들과 다르지 않다는 것을 기억하라. 이를 통해 모든 것은 항상 변한다는 무상을 명상할 수 있다. 우리가 죽었다고 해서 마른 짚이 타버리듯이 그렇게 사라지는 것은 아니다. 마음의 연속체는 지속된다. 행복한 곳에서 태어날지, 불행한 곳에서 태어날지는 우리가 행했던 도덕적 수행에 달렸다. 행복한 곳에 태어날 자신이 있는가?

임박한 죽음을 숙고하지 않으면 수행을 염두에 둘 수 없다. 수행은 미지를 여행하는 데 있어 안내자와 같다. 일상에서도 우리가 모르는 곳을 처음 갈 때는 경험자에게 조언을 구한다. 지도도 챙기고, 어디서 쉬고 어디서 묵을지를 계획한다. 무엇을 갖고 가야할지도 꼼꼼하게 챙긴다. 물론 다음 생이라는 미지의 세계로 가는 데에는 우리가 살면서 쌓은 경험이 그다지 유용하지 않다. 유일한 안내자는 수행이다. 마음을 철저하게 준비하고, 마음을 바꿔야 한다는 의미에서 하는 말이다.

다음 생이라는 미지의 세계로 여행을 떠날 때 어떤 수행이 우리에게 도움이 될까? 바로 선행이다. 우리가 영원히 신뢰할 할 수 있는 것은 선행이다. 선행을 쌓는 방법은 구체적이다. 열 가지 선행을 실천하고, 열 가지 부도덕한 행위를 하지 않는 것이다. 우리가 선업을 쌓으면 쌓을수록 죽는 순간에 긍정적인 마음 상태를 유지할 수 있으며, 좋은 곳에 태어날 것이라는 믿음도 지닐 수 있다. 다음 생에 무엇으로 태어날지는 온전히 자신이 한 행위에 달려 있다. 죽는 순간에 하는 생각과 행동이 다음 생에, 우선적으로, 영향을 미친다.

숨을 거두는 순간, 보리심을 기억하면 저절로 마음이 고요하고, 평온할 것이다. 죽음 맞이할 때 착한 마음을 유지했다면 착한 행동을 할 것이고, 그러면 당연히 좋은 곳에 태어날 것이다. 그러므로 불교적 관점에서 인생을 의미 있게 산다는 것은 도덕적인 마음 상태에 익숙해지도록 하는 것이다. 그것이 죽음을 맞이할 때 큰 도움을 준다. 죽을 때 긍정적인 경험을 할지, 부정적인 경험을 할지는 일생 동안 우리가 어떻게 수행을 했는지에 달려 있다. 중요한 것은 우리 일상생활을 의미 있게 살아야 하고 평소 마음가짐이 따뜻하고, 긍정적이고 행복해야 한다는 것이다.

# 지금 여기서
# 우리가 해야 할 일

---

우리가 무엇을 하든 그것은 남을 돕는
일이어야 하며, 타인의 소망을 실현하는
결과를 가져와야 한다. 그것이 우리 삶의
목적이다.

3

위대한 수행자인 궁탕Gungthang(1762-1824)은 운이 좋아 자유로운 인간으로 태어난 이 소중한 인생은 단 한 번밖에 없는 귀한 것이라고 말했다. 우리가 과거 수많은 전생을 살았다 해도 소중한 인간의 삶을 제대로 활용한 적은 없었다. 지금 우리는 다행히도 심신이 건강하고, 다르마(법) 수행에도 관심을 조금 기울이고 있다. 이런 생애를 만나기란 쉽지 않다. 아니 특별하다. 마찬가지로 우리가 만난 다르마 역시 특별하다. 다르마는 석가모니 부처님에게서 시작되어 훌륭한 인도 수행자들에게 전승되었고, 티베트로 전해져 번창했고, 지금까지도 활기차게 전해지고 있다. 눈의 나라, 티베트에서는 부처님의 모든 가르침을 전승하고 보존해 왔다. 그러므로 지금 우리는 자신은 물론 타인의 최고 목적을 실현하기 위해 다르마를 활용하는 데 최선을 다해야 한다.

우리는 소중한 인간의 몸을 받았지만 그 가치를 인식하지 못한 채 인생을 살고 있다. 동시에 다르마의 진가를 접할 기회조차 없는 다른 생명의 한계를 인식조차 못하고 있다. 짐승이나 새들은 소중한 가르침을 이해할 능력이 없다. 물론 인간으로 태어났다고 해도 우리가 소중한 가르침에 관심이 없는 사람들이었다면 짐승들이 그렇듯 다르마를 무시했을 것이다. 조금 세심한 사람들이라면 들어볼 만한 가치는 있겠지만 깊이 공부를 한다거나 수행을 할 필요까지는 없다고 여길지도 모르겠다. 우리는 매우 운이 좋은 사람들이다. 부처님의 가르침이 있는 곳에 태어났고, 건강하게 태어났다. 이렇게 소중한 기회를 얻었으니 다르마의 가치와 잠재력을 제대로 인식해야 한다.

작은 사업이라도 해 본 사람들은 안다, 적절한 시기와 적당한 장소가 있다는 것을! 그리고 계절에 맞지 않는 물건을 팔면 실패한다는 것도 알 것이다. 농부들도 마찬가지다. 날씨를 잘 살펴 때가 되면 열심히 밤낮으로 농사를 짓는다. 우리도 마찬가지다. 운이 좋아 자유로운 인간으로 태어난 지금을 최대한 활용해야 한다. 우리는 지금 특별한 기회와 시간을 갖고 있다는 사실을 기억해야 한다.

물론 나는 부처님의 가르침을 배우고 익히는 것이 중요하다고 강조하지만 그 누구에게도 강요하지는 않는다. 아무리 가치 있는 일이라도 강요는 무의미한 짓이다. 가장 근본적인 불교 수행은 마음을 바꾸는 것이다. 우리가 자신을 살피고 명상을 하는 것도 마음을 바꾸기 위해서다. 명상은 긍정적인 마음 상태에 익숙해지도록 하는 수단이다. 명상을 통해 제멋대로 굴고 반항하는 우리 마음을 다스리려고 노력한다. 마음은 분명히 길들일 수 있다. 말을 길들이는 것으로 예를 들어보자. 처음에는 말이 사나워서 다루기가 힘들겠지만 서서히 길들여서 우리의 명령에 순종하도록 만들 수 있다.

우리 마음도 마찬가지다. 마음을 다스리는 것에 익숙하지 않은 초기에는 마음이 제멋대로 굴 것이다. 부정적인 여러 습관에 중독된 마음은 다스리기가 어렵다. 우리가 명상을 하고 긍정적인 품성에 익숙해지면 서서히 마음을 길들이고 바꿀 수 있다. 명상은 마음가짐을 바꾸고, 마음을 긍정적으로 만드는 수단이다.

인생의 가치와 어렵게 인간의 몸을 받았다는 사실을 거듭거듭 생각하면 마음을 바꾸고, 궁극에는 깨달음에 이르기 위해 인생을 잘 활용해야겠다는 확신이 생길 것이다. 우리는 명상을 해야 한다. 우리 마음을 자비와 같은 명상 주제에 완전히 익숙해지도록 해야 한다는 뜻이다. 예를 들어, 마음이 바뀌어 중생의 고통을 생각하자마자 자연스럽게 그들을 돕겠다는 생각이 일어나야 한다. 이런 주제에 익숙해지면 긍정적인 행동에도 익숙해진다. 이런 고찰과 숙고를 분석적 명상이라 한다.

처음 만나는 사람의 사고방식이나 습관, 생각을 우리는 잘 모른다. 서로를 조금씩 알아 가면서 상대의 사고방식이나 습관, 생각에 익숙해진다. 우리가 훌륭한 친구와 어울린다면 점차 상대의 좋은 점을 따라할 것이다. 훌륭한 친구에게 좋은 영향을 받으면 좋지 않은 행동도 덜할 것이다. 친구를 불쾌하게 만드는 행동은 하지 않으려고 조심하기 때문이다. 우리 의식에는 매우 다양한 마음이 있다. 이 다양한 마음은 크게 세 범주 — 이롭고 긍정적인 것, 해롭고 부정적인 것, 중성적인 것 — 로 나눌 수 있다. 훌륭한 친구에게 영향을 받는 것처럼 우리는 긍정적인 마음 상태에 익숙해지고, 그것들의 영향을 받아야 한다. 우리에게 도움이 되는 긍정적인 마음을 향상시켜야 한다. 이것은 정원을 가꾸거나 농사를 짓는 것과 같다. 꽃과 작물은 키우지만 잡초는 뽑지 않는가.

## 긍정적인 마음과 부정적인 마음

정신적으로 가치 있는 것을 마음에서 만들어 내려면 마음을 이용해야 한다. 부정적인 마음을 약화하거나 제거하는 한편 긍정적인 마음을 강화하고 고양해야 한다. 그러려면 어떤 마음이 긍정적이고 어떤 마음이 부정적이고 파괴적인지를 먼저 판단해야 한다. 그리고 긍정적인 마음을 향상시켜야 한다. 분노, 질투, 경쟁심, 집착 같은 번뇌가 왜 부정적인지, 어떻게 마음에서 일어나는지, 어떻게 우리를 혼란스럽게 하고, 왜 우리를 불행하게 만드는지를 알아야 한다. 번뇌의 해악을 알고 나면 부정적인 마음을 멀리할 수밖에 없다. 경전에 부정적인 마음인 번뇌가 나쁘다고 쓰여 있기 때문에 멀리해야 한다는 설명만으로는 설득력이 떨어진다. 부정적인 마음이 얼마나 파괴적이고 부정적인지를 알기 위해 우리의 경험을 살펴봐야 한다.

예를 들어, 화가 나 마음이 거칠어져 있을 때 다른 사람에게 불쾌한 말을 내뱉기 쉽다. 몹시 화가 나면 분별력을 잃는다. 얼굴 표정도 무섭고 험악해진다. 이런 행동은 불안감을 조성한다. 툭하면 말다툼을 하는 가족들이 과연 행복할까? 끊임없이 갈등하고 쉬지 않고 싸우는 곳이 과연 행복할까? 그럴 리 없다. 화를 잘 내는 사람이 불쑥 찾아온다면 그다지 반갑지 않을 것이다. 하지만 유쾌하고 자비로운 사람이 찾아온다면 자리를 권하고 차를 대접하고 싶을 것이다. 우리는 남들 안에 있는 분노, 질투, 경쟁심 같은 부정적인 성향을 어렵지 않게 바로 알아차린다.

마음의 부정적인 측면 가운데 가장 근본적인 것은 분노, 집착, 경쟁심이다. 이것들로 인해 다른 부정적인 마음이 일어난다. 이런 마음 상태가 부정적이라는 것을 인식하면 우리는 이 감정들이 일어날 때 빨리 알아차릴 수 있다. 이런 분석적인 과정은 우리 마음을 긍정적인 방향으로 바뀌도록 도와준다. 이런 수행은 매우 효과적이고 유용하다. 흔히 명상이라 하면 산중에서 가부좌를 하고 앉아 있는 모습을 떠올리는 경향이 있다. 다르마 수행이란 마음을 바꾸는 것이며, 마음을 바꿀 수 있는 유일한 방법은 반복적인 명상과 이에 익숙해지는 것이다. 명상은 어디에서나, 누구든지 할 수 있는 것이다.

분석적인 명상을 통해서 결론에 도달하고 명상 대상에 대해 통찰하기 시작할 때, 잠시 동안 마음을 오직 대상에만 집중하려고 노력해야 한다. '분석적 명상'(관觀)과 '마음을 한 곳에 집중하는 명상'(지止)의 결합을 통해 마음을 서서히 변화시킬 수 있다. 이것은 기도문을 수백 번 읽는 것 보다 훨씬 효과적이다. 이렇게 하면 소중한 인생을 의미 있게 만들 수 있다.

## 수행을 내일로 미루지 말라

'내일부터 수행해야지', '다음 달부터 시작해야지', '내년부터 해야지' 하면서 수행을 미루기만 한다면 인생은 다 지나가고 말 것이다. 지금 하고 있는 일을 마무리 한 다음에야 수행을 시작하겠다거나 혹은 맡은 일을 다 끝낸 다음에야 수행을 할 수 있을 것이라고 생각한다면 수행할 시간은 결코 오지 않을 것이다. 벌려 놓은 일이 많으면 많을수록 마무리해야 할 일도 많다. 세속의 일은 쉴 새 없이 밀려오는 파도와 같다. 과감하게 지금 이 순간부터 수행을 시작하는 것이 더 낫지 않겠는가?

어린 시절, 나의 수행이란 그저 경전을 암송하는 것이 전부였다. 그때는 시간이 많았지만 수행에 거의 관심이 없었다. 이십대에는 조금 노력을 했고 니르바나를 이해하기 시작했다. 삼 년 삼 개월 동안 무문관 수행을 하고 싶었으나 점점 바빠지면서 시간을 내지 못했다. 요즘은 아무리 바빠도 의식적으로 시간을 비워 내가 할 수 있는 수행을 한다.

세간살이가 없는 승려들조차도 작은 방 안에서 하루 종일 꿈지럭거릴 일이 생기는데 하물며 세속인들은 어떻겠는가! 할 일이 없을 때란 결코 없을 테니 스스로 시간을 내야 한다. 아침에 조금 일찍 일어나 한두 시간 명상 수행을 하려고 노력하라. 할 일을 다 한 다음에나 수행을 하겠다고 말하는 것은 기꺼이 다르마를 수행하겠다는 의지가 없다는 표시이다. 그래서 궁탕 스님은 이렇게 말했다. "진정으로 다르마를 수행을 하고 싶다면 낼모레부터 수행하겠다는 말은 결코 하지 마라." 당장 오늘부터 수행해야 한다. 내일부터 수행을 하겠다고 하지만 그 내일이 오기 전에 우리가 죽을 수도 있다. 죽음은 확실하지만 죽음의 시간은 불확실하다. 죽음이 언제라도 닥칠수 있으니 수행을 내일로 미루지 말라.

전통적으로 수행자들은 밖으로는 계율을 지키고 안으로는 보리심을 명상하고, 두 단계의 밀교 수행을 비밀스럽게 행하라고 배운다. 심신이 건강하고 원기가 왕성한 젊은 나이에 수행을 하는 것이 대단히 중요하다. 특히 밀교 수행의 경우, 원기가 있을 때 수행하는 것이 중요하다. 일반적으로 나이를 먹으면 원기가 빠져 쇠약해지고 기억력도 흐려진다. 그러면 수행을 해야겠다는 의지도 없어진다. 그러나 젊었을 때부터 공부를 하고 명상을 했던 사람들은 늙어서도 원기가 왕성하고, 심신이 모두 활기차다. 만일 우리가 젊을 때부터 명상 수행을 한다면 습관의 힘에 의해 죽는 순간에도 수행했던 것을 기억할 수 있고, 수행에 마음을 집중할 수 있다. 그러므로 밀교의 구경차제究竟次第에서 명상하는 관점으로 보면 젊을 때 수행을 하는 것이 중요하다. 만약 상급의 훌륭한 수행자라면 죽음을 기꺼이 환영할 것이고, 중급의 수행자라면 죽음을 두려워하지 않을 것이고, 하급의 수행자라해도 죽을 때 아무런 후회가 없을 것이다.

우선 자신이 저지른 악행을 솔직하게 인정하는 것으로 정화를 해야 한다. 시방에 계시는 불보살님에게 도움을 청하면서, 태초부터 수많은 생을 윤회하며 무지 때문에 악행을 저질러 왔고, 다른 사람까지 부추겨 악행을 저지르게 했다는 것도 인정해야 한다. 무지해서 저지른 악행이지만 그것이 잘못되었다는 걸 알고, 악행을 고백하고 참회해야 한다.

## 참회

악행을 왜 고백해야 하는가? 우리의 악행을 참회하기도 전에 죽음이 우리를 데려갈지 모르기 때문이다. 그러므로 우리의 귀의처인 불보살님에게 우리를 보호해 주고, 악행의 인과에서 벗어날 수 있도록 도움을 청하는 것이다. 죽음이 언제 찾아올지 예측할 수 없기 때문에 한시라도 빨리 자신이 저지른 악행을 참회하고, 빨리 정화해야 한다. 죽음은 우리가 계획했던 일을 마무리했는지, 다 못했는지를 살피며 기다려 주는 법이 없다. 죽음은 우리가 선업을 쌓을 시간을 충분히 갖지 못했으니 좀 더 살라며 시간을 더 주는 법도, 기다려 주는 법도 없다. 우리가 아프다고 봐주거나 건강하다고 봐주는 법도 없다. 죽음은 결코 기다려 주는 법이 없다. 죽음은 준비도 못하고 있는 우리를 언제 낚아챌지 모른다.

삶은 순식간이다. 믿을 수가 없다. 우리는 가족과 친구 그리고 재산을 남겨 두고 떠나야 한다. 그런데 이 사실을 자각하지 못하고 친한 사람에게는 친한 대로, 친하지 않은 사람에게는 친하지 않은 대로 말로, 마음으로, 몸으로 악행을 저질러 왔다. 자신에게 선의를 베푼 사람도, 악의를 품었던 사람도 곧 사라질 것이다. 자신을 힘들게 했던 원수 같은 사람들도 죽을 것이다. 친구라 여겼던 사람들도 죽을 것이다. 이것은 확실하다. 그뿐만 아니라 선의를 품었던 친구와 적의를 품었던 원수들과 맺은 관계 속에서 수많은 선행과 악행을 쌓은 '나' 역시도 사라질 것이다. 가족, 친척, 친구, 적 그리고 나의 재산, 이 모든 것은 일시적이고 영원하지 않다. 결국은 모두 사라진다. 우리가 그들의 모습을 더 이상 볼 수 없고, 그들의 목소리를 더 이상 들을 수 없는 시간이 올 것이다. 그들은 한 조각 기억으로 남을 것이다. 이 모든 것들이 꿈속에서 일어났던 일처럼 느껴질 것이다. 인연에 의해 만들어진(유위有爲) 현상들, 우리를 둘러싸고 있던 환경, 좋아했던 모든 것들, 그 모두가 단지 희미하게 기억될 신기루일 뿐이다.

하지만 우리가 쌓았던 악업은 남는다. 가족이나 친구 그리고 적이 죽었다고 해도 그들에게 저지른 악업들을 정화하고 제거하지 않는 한 항상 마음에 남아 있을 것이다. 번뇌와 번뇌가 일으킨 악업들은 우리가 정화할 때까지 마음속에 생생하게 살아 있을 것이다.

우리 삶은 순식간이다. 이 사실을 제대로 인식하지 못하기 때문에 우리가 살 시간이 짧다는 사실을 알지 못한다. 인생이 짧다는 것을 인식하지 못하니 무지, 집착, 미움에 휩싸여 온갖 악행을 저지른다. 모르는 이들에게는 무관심하게 굴고, 가족이나 친구들에게는 집착을 하고, 적에게는 분노하고, 질투하고, 증오한다. 이와 같은 부정적인 행동들을 우리는 오랫동안 저질러 왔다. 이제 우리 목숨은 거의 다 했고 죽음의 문턱에 이르렀다. 죽음은 한나절도 기다려 주지 않고, 하룻밤도 기다려 주지 않을 것이다. 일 분, 일 초마다 시간은 흐르고 있고, 우리 수명은 줄어들고 있다. 우리 삶은 끊임없이 끝을 향해 나아가고 있다.

결국, 유일한 피난처는 우리가 쌓은 공덕뿐이다. 계율을 지키고, 열 가지 도덕적 품성을 기르고, 진정한 자비심을 길렀다면 마음에 선한 도덕적 품성이 좀 자랐을지도 모르겠다. 우리를 도울 것은 이 공덕뿐이다. 그 누구도 우리를 도울 수 없다. 도움을 청할 사람도 없다. 우리 마음은 속일 수 없기에 살아오면서 도덕적인 품성 하나도 제대로 기르지 못했다는 사실을 스스로도 알게 될 것이다. 그리고 한탄할 것이다. '이렇게 막막할 줄 모르고 짧은 인생을 허비했구나! 경솔하게 한순간 쾌락에 속아 수많은 악행들을 저질렀구나! 무상한 내 인생을 낭비했구나!'

우리가 귀의할 대상은 다르마이다. 사실 우리가 여러 불보살에게 귀의를 하지만 경전에 쓰여 있는 것처럼 불보살이 우리의 악행을 맑혀 주는 것은 아니다. 부처님이 중생의 고통을 없앨 수도 없으며, 부처님의 깨달음을 중생들 마음에 옮겨 놓을 수도 없다. 실체에 대한 진리를 보여 주는 것만으로 중생을 해탈시킬 수 있다. 그래서 우리는 실제적 보호자인 다르마에 귀의하는 것이다. "그동안 당신의 가르침을 따르지 않았습니다. 이제 두려움에 휩싸여 당신께 귀의합니다. 제가 두려움에서 벗어날 수 있도록 해 주소서."라고 말할 것이다.

그러므로 우리는 다르마에 의지해야 한다. 우리는 아플

때 의사가 치료법을 설명하면 주의 깊게 듣는다. 그러니 부처님의 가르침은 어떻겠는가. 집착과 수많은 번뇌에 시달리고 있는 우리가 부처님의 가르침에 귀의해야 하는 것을 더 말할 필요가 있을까? 번뇌를 치료할 수 있는 약은 없다. 유일한 치료제는 부처님의 가르침이다. 그 외에는 아무것도 번뇌를 근절할 수 없다.

## '나'를 돕는 이타심

제1 차 세계 대전과 제2 차 세계 대전 동안에 많은 사람들이 죽었다. 독일 나치 정권은 수많은 유태인을 학살했고, 스탈린 정권은 수백만 명을 처형했다. 마오쩌둥 정권 역시 수백만 명을 처형했다. 이런 죽음들은 처형을 명령한 사람들의 번뇌 때문에 발생했다. 우리가 번뇌를 해소하는 방법을 제대로 알지 못하면 번뇌는 제멋대로 군다. 그 결과는 끔찍한 파괴로 이어진다. 번뇌 하나가 온 세상을 무너뜨릴 수 있다는 말은 사실이다. 우리가 겪는 모든 고난, 고통, 불편은 번뇌 때문에 생기는 것이다.

모든 훌륭한 품성과 모든 행복은 다른 이를 도우려고 하는 마음인 보리심에서 오는 결과이다. 세속적인 성취도, 종교적인 성취도 모든 훌륭한 품성은 다른 중생을 도우려고 하는 마음에서 비롯된다. 특별한 종교 수행을 인정하든 인정하지 않든 우리는 따뜻한 마음을 가지기 위해 노력해야 한다. 우리 마음이 따뜻하다면 행복과 평화를 누릴 것이다. 누군가가 우리에게 미소를 짓는다면 기분이 좋지 않은가? 누군가가 투덜거리고, 인상을 쓰면 기분이 나쁘지 않은가? 우리는 사회적 동물이다. 협동과 상호 의존을 존재의 기반으로 삼는 사회에서 살고 있다. 협동은 서로에게 자애로운 마음가짐을 지닐 때 가능하다. 우리가 협동과 상호 의존을 할 때 가족과 이웃은 물론 사회 전체가 평화롭고, 행복할 것이다. 반면에 상대를 음해하고, 서로에게 원한을 품는다면 물질적으로 풍족하고 편의를 누리며 살지는 모르겠으나 행복하지 않을 것이다.

전체주의 체제에서는 공동체 구성원들끼리, 심지어는 가족들끼리도 서로를 감시하는 시절이 있었다고 한다. 그 결과, 사람들은 서로에 대한 신뢰를 잃고 항상 서로를 의심하고 불신하면서 살았다. 서로에 대한 기본적인 신뢰와 감사함을 잃어버리고 나서도 우리는 행복할 수 있을까? 오히려 자신의 그림자마저 두려워하는 까마귀처럼 두려움과 의혹에 시달리며 살 것이다.

그러므로 다른 사람과 다른 중생을 도우려는 마음은 평화와 행복의 원천이다. 오늘날 선진국들은 물질적으로 또 기술적으로 발전을 이룩했다. 하지만 내면의 평화와 자비심을 갖추지 못해 지속적으로 많은 문제들이 발생하고 있다. 돈만이 만족과 행복을 가져온다고 생각하는 것은 큰 잘못이다. 다른 중생을 돕고 싶다는 이타심이 분명히 중요한 역할을 한다.

기술 발전으로 인한 현대 전쟁의 파괴력은 우리 상상을 초월한다. 평화를 유지하기 위해 전쟁이 필요하다고 말하는 자들도 있다. 하지만 전쟁과 분노, 위협을 기반으로 어떻게 평화가 유지되고, 사람들이 행복을 느낄 수 있을까? 협동, 평화, 행복은 자비와 자애를 기반으로 할 때만이 누릴 수 있다. 나는 외국에서 다양한 사람들을 만날 때마다 남을 돕고 싶어 하는 착한 마음의 중요성을 항상 강조한다. 여러 경전에서 가장 많이 강조를 하는 바가 이타심을 키우는 것이다. 이 이타심은 특별한 이타심이다. 고통 받는 중생을 돕기 위해 부처의 경지에 이르고 싶다는 이타심이다. 그런 마음을 발달시키는 데 초점을 맞추고 있기 때문에 특별한 이타심이라고 한다.

## 이타심과 보리심을 기르는 명상

이타심과 보리심을 기르려면 명상이 필수적이다. 명상을 잘 하려면 어떻게 해야 하는지를 아는 것이 중요하다. 우선, 명상을 할 때 편안한 자리를 준비하고, 주변을 정리한다. 그

다음에는 자리에 앉아 명상 자세를 유지하면서 사무량심四無
量心을 숙고한다. 사무량심은 모든 중생이 행복해지기를 바
라는 자애심, 고통에서 벗어나기를 바라는 자비심, 중생이
더없는 행복을 누리는 것을 기뻐하는 마음, 집착도 혐오도
없는 평정한 마음이다. 그 다음에는 불보살과 과거와 현재
의 모든 스승이 자신 앞에 있다고 관상하고, 온 우주를 상징
하는 만다라를 올린다. 그 다음에 발원을 한다.

우리가 어떤 종류의 명상을 하든지 이런 준비 수행은 반
드시 해야 한다. 명상을 하는 곳은 깨끗하고 편안해야 한다.
동시에 마음에서 여덟 가지 세속적인 관심사가 일어나지 않
도록 해야 한다. 여덟 가지 세속적 관심이란 얻음과 잃음, 쾌
락과 고통, 칭찬과 비난, 명예와 오명이다. 혹시 불상을 모
신다면 완성도, 재질, 품질을 떠나 지극한 존경심을 표해야
한다.

부처님은 손에 무기를 들지 않는다. 그저 자비로운 출가
자일 뿐이다. 한 논전에 보면 부처님의 넓은 자비심을 그림
으로 설명하고 있다. 부처님 양쪽에 두 사람이 있는데 한 사
람은 부처님에게 정성을 다해 전단향 기름을 바르고 있고,
다른 한 사람은 날카로운 칼로 부처님의 살을 베고 있다. 부
처님은 이 두 사람을 공평하게 대한다. 부처님에게는 가까
이 할 친구도 없고, 멀리해야 할 적도 없기 때문이다. 부처

님은 깨달음을 얻기 직전에 날카로운 칼이나 무기 사용하지 않고도 수많은 부정적인 세력을 진압했다. 부처님의 유일한 무기는 자비와 자애였다. 이것을 생각하면 부처님의 탁월한 품성을 찬탄하지 않을 수 없다.

불단에 불상과 보살상을 모실 때는 각각 올바른 자리에 모시고, 우리가 올리는 공양물은 불보살상 앞에 둔다. 공양물은 청정해야 하고, 정직한 방법으로 취득한 것이어야 한다. 불단에 올리는 것은 그 어떤 것도 단순히 상품이나 제품으로 여기면 안 된다. 예를 들어, 경전, 불상, 탑을 단지 밥벌이를 하기 위해 파는 것이라면 비난받을 만하다. 반면에 귀한 경전을 더 많은 사람들이 읽을 수 있도록 출판을 하는 것이라면 격려할 만한 일이다. 요즈음 티베트에서는 불보살상과 탑이 장물로 거래되고 있다는 말이 들리는데 참으로 애석한 일이다.

보석 같은 보리심을 기르기를 발원하며 바다와 같이 무한한 덕행을 지닌 부처님, 부처님의 가르침, 상가에 공양을 올린다. 우리는 몸, 말, 마음으로 공양을 올릴 수 있다. 먼저 마음으로 올리는 공양에 대해 살펴보자. 우리가 가진 것은 양적으로나 질적으로 유한하기 때문에 꽃, 과일, 약초, 보석 같은 공양물을 마음으로 무한히 상상해서 공양을 올린다. 이 세상에 주인이 따로 없는 것 — 깨끗하고 맑은 물, 산, 숲,

인적이 드문 평온한 곳, 구름처럼 피어오르는 향, 만발한 아름다운 꽃, 열매가 탐스럽게 열린 나무, 들판의 곡식, 바다, 연꽃이 한가득 피어 있는 연못, 아름답게 지저귀는 새 — 을 마음으로 상상해서 공양을 올릴 수 있다. 이 공양을 받고 자비로운 마음으로 우리를 보살펴 달라고 삼보에게 간청을 하는 것이다. 말로 올리는 공양은 기도문과 찬탄문을 암송하는 것이다. 두려움에서 벗어나기 위해 또는 삼보에 아첨하기 위해 하는 암송이 아니라 삼보에 대한 믿음과 삼보를 찬탄하기 위한 암송이어야 한다.

몸으로 올리는 공양은 절이다. 의지의 대상인 불보살에게 절을 하는 것이다. 두 무릎과 두 손바닥 그리고 이마, 다섯 군데가 바닥에 닿게 절을 한다. 이때 손은 주먹을 쥐지 않고 쭉 펴서 바닥에 닿도록 한다. 이것은 반半절을 하는 방법이다. 완전한 절을 하려면 쓰러진 통나무처럼 온 몸이 바닥에 닿게 한다. 그리고 양 팔을 앞으로 쭉 뻗는다. 이때 손바닥은 완전히 바닥에 닿아야 한다. 양 팔이 개구리 다리처럼 벌어지면 안 된다. 절을 해서 쌓는 공덕은 절할 때 바닥에 닿는 몸집과 비례한다는 우스갯소리가 있다. 참도Chamdo 출신의 유명한 스님이 있었는데 그 스님은 "내 큰 몸집 덕분에 엄청난 공덕을 쌓았다."라고 자랑을 하곤 했다. 오체투지를 할 때는 몸을 최대한 쭉 뻗고, 절을 한 다음에는 엎드린 채로 쉬지 말고 얼른 몸을 일으켜야 한다.

합장을 할 때는 두 손바닥을 완전히 붙이지 않고, 보석 하나가 들어갈 만큼 사이를 띄운다. 이 공간은 공성空性과 법신法身을 성취할 가능성을 상징한다. 공성은 완전한 무無를 의미하는 것이 아니다. 공성은 그 어떤 장애도 없는 상태라고 설명할 수 있다. 따라서 두 손바닥 사이의 빈 공간과 두 손의 모습은 부처님의 법신法身과 색신色身을 상징한다.

이와 같이 합장한 손은 이마, 목, 가슴에 차례로 갖다 댄다. 이마는 '행동'이, 목은 '말'이 나오는 곳을 가리킨다. 의식은 어디에나 머물 수 있지만 합장한 손을 가슴에 대는 것은 가슴을 근원적인 마음이 머무는 곳, 파괴될 수 없는 기운이 머무는 곳으로 보기 때문이다. 이렇게 합장한 손을 이마, 목, 가슴에 차례로 댄 다음에 온 몸이 바닥에 닿도록 엎드린다.

그 다음, 불보살에게 물 잔을 올릴 때는 빈 잔부터 먼저 늘어놓지 않는다. 포개서 엎어 놓은 빈 잔들을 손에 들고 맨 위에 있는 잔에 물을 조금 따른다. 이 첫 번째 잔을 불단에 올린 다음에 물을 더 부어 잔을 채운다. 나머지 잔들도 불단에 올릴 때는 물이 조금씩 담겨 있을 것이다. 물을 더 부어 잔을 채울 때는 존경하는 마음으로 조심스럽게 해야 한다. 그렇지 않으면 물방울이 사방으로 튈 지도 모른다. 이것은 경의를 표하는 것이 아니다. 우리가 손님에게 차를 따를 때도 찻물이 튀지 않게 따르지 않는가. 불단에 물을 올리는 것은 높은 깨달음을 얻은 분들에게 공양을 올리는 것이다. 물을 따르는 모습은 보리 알갱이와 같아야 한다. 처음에는 물줄기를 가늘고 조심스럽게, 중간에는 굵고 차분하게, 끝에는 다시 가늘게 따른다. 깨끗한 등잔불도 준비해야 한다. 등잔불 심지가 너무 두꺼우면 버터나 기름이 빨리 타고 연기도 많이 난다고 어느 친절한 노승이 내게 가르쳐 주었다. 버터 등잔불을 켤 때 등잔이 깨끗하고 단정하게 보여야한다.

악행을 저지른 후에는 바로 참회해야 한다. 밀라레파는 이렇게 말했다. "만일 악행을 정화하는 과정을 생각하고 있다면, 먼저 참회를 하라." 참회는 강한 자제력을 발달시켜야 한다. 다시는 같은 잘못을 반복하지 않겠다고 결심하는 것이다. 이와 같은 마음으로 백자진언百子眞言과 같은 만트라 mantra를 독송하거나 참회 기도문을 암송하거나, 사원이나 탑 주위를 돌고, 절을 하는 것은 악행을 정화하는 강력한 해결책이다. 마찬가지로 악행을 정화하기를 발원하며 공성을 명상할 수도 있다.

그 다음 순서는 크게 기뻐하는 것이다. 기뻐한다는 것은 다른 수행자들의 선행을 질투하지 않고, 억울해 하지 않는다는 의미다. 반대로 다른 사람들의 훌륭한 수행을 진심으로 찬탄한다면 큰 공덕을 쌓을 수 있을 것이다. 어떤 사람이 다음 생에 좋은 곳으로 환생할 수 있는 원인들을 쌓거나 좋은 곳에 태어난 것을 보면 우리는 기뻐해야 한다. 마찬가지로 깨달음을 얻게 하는 원인이 되는 공덕을 쌓은 것을 보면 기뻐해야 한다. 중생이 계율, 선정, 지혜를 배우고 익혀 윤회하는 고통에서 벗어나는 것을 기뻐해야 한다. 부처의 경지를 성취할 원인들을 쌓거나 보살의 열 단계(십지十地)에 이를 원인을 쌓거나 부처의 경지에 이른 것을 보면 우리는 기뻐해야 한다. 마찬가지로 다른 중생을 돕고 싶어 하는 마음이자 모든 중생에게 평화와 행복을 선사하는 바다와 같은 공덕의 원천인 보리심을 일으키는 사람을 보면 크게 기뻐해야 한다.

그 다음 단계는 여러 부처님에게 불법을 계속 전할 것을 간청하는 것이다. 간청한다는 것을 몸으로 표현하기 위해서 두 손을 합장한다. 그리고 온 우주에 머무는 모든 부처님에게 간청한다. 중생들 마음은 무지와 고통으로 가려져 있다. 이런 괴로운 어둠을 없애기 위해 우리는 여러 부처님에게 법의 등불을 밝혀 달라고 간청한다. 그 다음에는 여러 부처님에게 영원한 열반에 드시지 말라고 간청한다. 우리 중생을 버리지 말고 영원히 이 세상에 남아 고통 받는 우리들에게 불법을 가르쳐 달라고 간청한다.

마지막 단계는 공덕을 회향하는 것이다. 앞에서 설명한 대로 전 과정을 실제로 하고 난 다음, 그 모든 공덕이 온 중생의 고통을 없애는 원인이 되기를 바라면서 공덕을 회향한다. 아픈 이가 다 나을 때까지 약이 되고, 의사가 되고, 간호인이 되겠다고 온 마음으로 발원한다. 기근이 들 때는 허기와 갈증을 가시게 할 음식이 되고, 물이 되기를 소망한다. 세상의 빈곤을 없애기 위해 우리가 무진장한 보물이 되기를 소망한다. 중생의 바람을 채워 주기 위해 수많은 물품이 되어 그들 앞에 나타나기를 소망한다. 또 무수한 중생들에게 소용이 있기를 진심으로 바라며 육신과 재물 그리고 과거, 현재, 미래에 쌓은 공덕마저도 바친다.

그런 보시는 매우 중요하다. 우리가 모든 것을 포기하고 육신, 재물, 공덕까지도 보시를 한다면 우리 마음은 고통을 초월할 수 있다. 우리가 재물에 집착하고, 좋은 집과 차 같은 것에 집착하고, 재물을 포기하지 못해 전전긍긍해도 조만간 우리는 그것들을 이 세상에 남겨 둔 채로 떠나야 한다. 그러니 다른 사람에게, 다른 중생에게 베풀 수 있을 때 베푸는 것이 더 낫다. 그러면 미래의 수많은 생에서 그 보시의 결실을 수확할 수 있기 때문이다. 그러므로 중생들이 원한다면 우리 육신마저도 중생들이 원하는 대로 이용하고 즐길 수 있도록 보시하며 진심으로 회향하라.

이런 준비 수행을 한 다음에야 실제 명상을 할 수 있다. 명상용 방석 뒤쪽을 약간 두툼하게 높이면 명상하는 데 도움이 된다. 그렇게 하면 허리를 곧게 펼 수 있어서 기운의 흐름에도 도움이 된다. 명상을 할 때 먼저 동기를 살펴야 한다. 동기가 중립적이라면 즉시 도덕적인 마음 상태로 바꾸려고 노력하라. 마음이 부정적인 생각에 영향을 받고 있다면 우선 호흡에 집중하려고 노력하라. 부정적인 마음 상태를 없애고, 중립적인 상태로 바꾸려고 노력하라. 그 다음에는 마음을 긍정적인 상태로 바꾸라. 이것은 천을 염색하는 것과 비슷하다. 흰색 천은 어떤 색으로든 물들일 수 있지만 이미 다른 색이 배여 있는 천은 원하는 색으로 물들이기가 어렵다. 분노나 집착이 마음을 지배하고 있을 때는 우리가 억지로 도덕적인 수행을 하려고 해도 매우 어렵다. 그러니 처음에는 호흡 명상을 통해 마음을 중립적인 상태로 바꾸려고 노력하라.

## 목적이 분명한 삶

실제 수행을 할 동안에는 명상의 주제를 기억하라. 매일 새로운 하루를 시작하면서 강한 의도를 가져야 한다. "지금부터 죽을 때까지 다른 사람들에게 유익하고, 도움이 되기 위해 최선을 다해 노력할 것이다. 최소한 그들에게 해를 끼치지 않을 것이다. 죽을 때까지 이와 같이 노력할 것이며, 오늘 하루도 최선을 다해 노력을 할 것이다." 밤에 잠들기 전에는 하루를 어떻게 보냈는지 돌이켜보아야 한다. 자신의 언행이 유익했고, 다른 사람에게 도움을 주었다고 생각되면 기뻐하고, 남은 인생도 그렇게 살겠다고 굳게 결심을 한다. 누군가를 괴롭혔거나 불쾌하고 해로운 말을 했다면 바로 솔직하게 인정해야 한다. 불보살님의 은혜를 기억하고, 자신의 잘못을 고백하고, 똑같은 잘못을 다시는 저지르지 않겠다고 결심해야 한다. 이것이 진정으로 불법을 수행하는 방법이다. 이런 수행에 관심을 기울이지 않고 그저 구태의연한 생활방식을 이어간다면 아무런 발전이 없을 것이다. 명상하는 시간이 길든 짧든 그 시간을 사려 깊게 보내야 한다.

중생들이 자신의 생명을 빼앗거나 비방하고 욕할지라도 그들이 원하는 대로 하겠다는 생각을 지녀야 한다. 어떤 사람이 괴롭히거나 무시하거나 놀릴 때도 원하는 대로 해 주라. 우리의 신체를 놀림감으로 삼고 싶어 한다면 그들이 원하는대로 하도록 두라. 그러고는 이렇게 생각하라. '내 육신을 진정으로 중생에게 보시했기에 그들은 원하는 대로 내 육신을 이용하고 즐길 수 있다. 내가 이 육신을 보호할 필요가 없다. 다른 중생에게 해를 끼치는 일이 아니라면 무엇이든 하도록 놓아두라. 다른 사람이 내게 바라는 것을 얻지 못하고 돌아서는 일이 결코 없도록 하리라. 나 때문에 누군가가 화를 내고 불편해 하는 것조차도 그들이 목적을 달성하기 위한 연유가 되기를 바란다. 누군가 내게 빈정거리고 험담을 하고 조롱을 하더라도 그들이 부처의 경지에 이르기를 바란다.' 중생들이 자신을 비난하든 빈정거리든 조롱을 하든, 그들은 자신과 업연을 쌓고 있는 것이다. 이 업연이 그들이 부처의 경지에 이르는 데 원인이 되기를 기원해야 한다.

지금은 우리가 보통 사람에 지나지 않지만 거듭 보리심을 일으키고, 서약하고, 굳게 결심하는 일을 되풀이하면 우리는 진심으로 중생을 돕기 위해 부처의 경지에 이르겠다는 발원을 할 것이다. 그래서 보살은 이렇게 발원한다. "보호받지 못하는 중생들을 위해 제가 보호자가 되겠습니다. 길을 잃은 중생들을 위해 안내자가 되겠습니다. 넓은 바다를 건너는 이들에게는 배가 되고, 강을 건너는 이들에게는 다리가 되고, 바다에서 조난을 당한 이들에게는 섬이 되고, 불빛이 필요한 이들에게는 등불이 되고, 거처가 필요한 이에게는 집이 되고, 하인이 필요한 이에게는 하인이 되겠습니다. 중생이 필요로 하는 것이라면 그 무엇이든지 되겠습니다. 여의주가 되고, 소원을 들어주는 보병이 되고, 진언이 되고, 효험 있는 약이 되고, 소원을 들어 주는 극락의 나무가 되고, 소원을 들어주는 소가 되겠습니다. 중생이 의존하고 있는 지·수·화·풍처럼 나는 무한 중생에게 즐거움을 선사하는 근원이 되겠습니다. 중생이 삶을 꾸려 갈 수 있는 토대가 되겠습니다.”

우리가 이런 마음가짐을 가진다면 자신은 물론 그 무엇에도 집착하지 않을 것이다. 이기적인 마음이 일어날 틈도 없을 것이다. 삶의 유일한 목적은 고통 받는 무수한 중생들의 소망을 성취시키는 것이 될 것이다. 지수화풍의 요소들이 영원히 중생들을 위해 쓰이고, 중생들을 위해 존재하는 것처럼 우리도 모든 중생을 위해 존재하길 발원할 것이다.

더 나아가 보살은 이렇게 기원한다. “저의 몸, 말, 마음이 중생들에게 즐거움이 되기를 바랍니다. 모든 중생이 겪는 고통들, 중생들이 저지른 악행, 그 악행을 일으킨 번뇌를 제가 떠맡겠습니다. 제가 누렸던 기쁨과 훌륭한 덕목들은 중생들에게 주겠습니다.” 그러고는 보살은 이렇게 결론을 내린다. “이 세상이 존재하는 한, 중생이 존재하는 한 나 또한 여기 머물러 모든 고통을 없애리라.”

이런 굳센 결심은 우리가 감히 상상할 수 없을 정도로 훌륭하다. 그렇다고 해서 우리가 이런 굳센 결심을 할 수 없다는 뜻은 아니다. 반복되는 수행을 통해 우리도 이런 마음을 일으킬 수 있다. 거칠고 무지힌 지금의 우리 마음을 길들이고 다스린다면 점차 보리심으로 바꿀 수 있다. “그러므로 언제나, 어떤 방식으로든 우주만큼이나 무한한 중생들에게 생계의 원천이 되고, 즐거움의 원천이 되겠습니다. 또한 모든 중생이 고통에서 벗어나 열반에 이를 때까지 중생들을 위해 헌신하겠습니다." 이런 가르침을 접하면 우리의 굳센 결심은 더욱 굳건해질 것이다.

이 수행을 할 때 우리는 자신이 다른 중생들보다 하찮다고 여겨야 한다. 작은 벌레는 무력하고 약할지 모르지만 파괴적이지 않다. 벌레는 다른 중생들을 해치지 않을뿐더러 다른 중생들이 평화롭게 지내는 것을 방해하지도 않는다. 인간들은 스스로를 대단히 지성적이라고 생각한다. 그런데 우리는 지성을 어떻게 사용하고 있는가? 우리는 기회만 있으면 다른 사람들을 속이고 못살게 굴고 기만한다. 우리 자신과 다른 중생들과 비교할 때 그들의 장점을 인정하려고 노력하는 한편, 자신의 단점을 인지하고 줄여 나가기 위해 노력해야 한다.

인간의 마음은 여러 모로 유동적이다. 마음은 주변 환경이나 처한 상황에 따라 긍정적일 수도 있고, 부정적일 수도 있다. 번뇌가 일어나려는 순간에는 자신을 벌레보다 더 못하다고 여겨야 한다. 그러나 중생의 소원을 들어주는 주요한 과제를 수행할 때는 낙담하면 안 된다. 결단과 용기를 일으켜야 한다. 더 나아가 이렇게 말할 수 있어야 한다. "무수한 중생을 돕기 위해 내가 책임을 전부 떠맡겠다." 보리심을 일으킬 때 그렇게 해야 한다. 여러 부처님과 보살님이 앞에 계신다고 마음으로 그리고, 모든 중생을 위해 평안과 행복, 그리고 즐거움을 선사하고 생계의 원천이 되겠다고 결심한다.

이런 보리심이 생긴다면 기뻐해야 한다. 보리심을 기르는 것은 부처의 경지에 이르기 위한 토대를 마련하는 것이기에 우리는 삶을 의미 있고 유익하게 만든다. 한편으로 우리는 운이 좋아 자유로운 존재로 태어났고, 이 훌륭한 삶을 얻었을 뿐만 아니라 부처님 가문에 오늘 새로 태어났다. 보리심을 일으켰기에 우리는 부처님의 자식(불자佛子)이 되었다. 불자라는 말은 실제로 보리심을 기른 사람에게만 쓸 수 있다. 온전한 보리심은 아니더라도 우리는 보리심에 가까운 마음을 기를 수 있으며 보리심을 향해 나아가고 있기에 기뻐하는 것이다.

보리심을 기르는 수행을 시작했다면 기꺼이, 자발적으로 아주 즐겁게 해야 한다. 눈 먼 사람이 우연찮게 쓰레기 더미 속에서 귀한 보석을 주웠다면 얼마나 소중하게 여기겠는가! 얼마나 잘 간수하겠는가. 우리가 여전히 번뇌에 시달리고 있지만 그래도 대승 불교의 가르침과 스승들의 가르침 덕분에 보리심의 신가를 조금 이해하게 되었다. 그래서 우리는 지금 보리심을 기를 수 있게 되었다. 이 소중한 마음은 성불로 이어지기에 죽음을 극복하기 위한 최고의 특효약이다.

단기적인 관점에서 보면, 우리가 다른 중생을 돕고 싶어

하는 마음을 품기만 해도 더욱더 용감해지고, 마음은 편안해지고, 몸은 건강할 것이다. 작은 이타심조차도 죽음과 죽음의 원인들을 극복하는 탁월한 특효약이 된다. 보리심은 모든 중생의 빈곤을 없애는 무진장한 보물과도 같다. 보리심이 있다면 윤회계에서 가난을 피할 수 있다. 궁극적인 관점에서 보면 윤회계에서 지닌 훌륭한 품성, 해탈, 성불 모두 보리심을 지닌 결과이다. 보리심은 중생의 병을 치유하는 최고의 약이다. 또 보리심은 소원을 성취시키는 나무와 같아서 지치고 방황하는 중생들이 그 나무 그늘 아래서 휴식을 취할 수 있다. 보리심은 중생들이 불행한 윤회 세계에서 벗어나게 하는 다리와 같다.

보리심을 기르는 것은 번뇌의 어둠을 몰아내는 것이다. 보리심은 밝은 달과 같다. 보리심은 중생의 어두운 무지를 제거하는 밝은 태양과 같다. 보리심은 불법이라는 우유를 휘저어서 얻은 버터와 같다. 중생은 윤회의 길을 끝없이 방랑하는 여행자와 같다. 다른 중생들을 돕고 싶어하는 보리심은 방랑하는 중생들에게 자양분과 같다. 윤회 속에서 방랑하는 우리들은 모두 똑같다. 유일한 차이가 있다면, 지금 우리는 우리가 쌓은 공덕과 스승들의 은혜와 부처님 가르침 덕분에 불보살님 앞에서 보리심을 기를 수 있다는 것이다.

# 깨어 있는 일상

---

온 힘을 다해 마음을 살피고 한순간이라도
마음이 헤매지 않도록 노력해야 한다.
마음이 무엇을 하려고 하는지, 무엇을 하고
있는지 주시해야 한다.

4

나는 모든 행복의 원천인 보리심을 기르는 도道를 발견했다. 보리심 수행은 자신은 물론 다른 중생의 목적도 실현하는 방법이다. 그런데 우리가 어찌 보리심을 포기할 수 있겠는가?

우리들 가운데 깨달은 존재인 보디사트바(보살)의 삶을 따르려고 노력하는 사람들은 모든 중생의 궁극적인 행복을 가져와야 하는 큰 책임을 떠맡았다. 그렇기 때문에 지켜야 할 덕목과 피해야 할 악행을 설명하는 계율을 배워야 한다. 계율은 기억하는 것만으로는 부족하다. 일상에서 몸과 마음과 말로 악행을 짓지 말아야 한다. 나쁜 행동을 하지 않아야 한다. 꿈속에서조차 알아차림 ─ 정념正念(집중할 대상만 기억하며 몰입하는 것)과 정지正知(정념이 되고 있는지 살피고 알아차리는 것) ─ 을 유지할 수 있을 정도로 이 수행을 해야 한다. 그 정도가 되면 보리심이 퇴보하지 않고 지속될 것이다.

만약 우리가 단 한 순간이라도 다른 중생이 공덕을 쌓는 것을 방해한다면, 다른 중생이 보리심을 일으키는 것을 방해한다면, 그것은 보살이 중생들이 목적을 실현할 수 있도록 돕는 것을 방해하는 것이다. 그 결과로 우리는 무수한 생을 악도惡道에서 보내야만 할 것이다. 한 중생의 평화와 행복을 파괴하는 것이 선도善道에 환생하지 못하는 원인이 되는데 무수한 중생들의 평화와 행복을 파괴한 결과는 어떻겠는가? 우리가 때로는 강한 보리심을 일으키기도 하지만 때로는 해로운 행동도 하고, 때로는 마음이 번뇌에 휩싸이지만 때로는 강한 보리심을 기르기도 하는 이 양쪽을 일상에서 반복한다면 정신적으로 높은 단계에 이르는 데 오랜 시간이 걸릴 것이다. 그러므로 확신과 용기를 지니고, 굳은 서약을 하고, 보살의 수행을 완수해야 한다.

우리가 보살이 되기 위한 수련과 수행에 전념하지 않는다면 악도에서 환생을 반복할 것이다. 이 사실을 마음 깊이 새겨야 한다. 우리의 부정적인 감정과 부정적인 마음가짐 때문에 악도에 떨어진다면 부처님도 우리를 도울 수가 없을 것이다. 무수한 자비로운 부처님들이 우리 중생을 돕기 위해 애써 왔다. 그러나 우리가 부주의하게 살고, 번뇌가 일어나도록 내버려 둔다면 부처님조차 우리를 도울 수 없는 악도에 끊임없이 떨어질 것이다. 설혹 악도에 떨어지지 않더라도 질병이나 상해, 다른 어려움들을 겪게 될 것이다. 그러므로 선행을 쌓고 악행을 범하지 않는 것이 중요하다.

지금 우리는 매우 소중한 기회를 지니고 있다. 우리는 인간으로 태어났고, 부처님 가르침을 만났고, 선한 마음을 기를 수 있는 기회와 믿음도 갖고 있다. 이런 상황을 만나기란 참으로 어렵다. 지금은 우리가 건강할지도 모른다. 물질적으로 풍요롭고, 재산도 많아 아쉬운 것이 없을지도 모른다. 그러나 생명의 본성은 믿을 만한 것이 못 된다. 생명은 매순간 줄어들고 있다. 우리 몸은 잠시 빌려 쓰는 물건과 같다. 지금 우리는 번뇌에 사로잡혀 이런저런 악행을 저지르고 있다. 그 까닭에 다음 생에는 사람의 몸을 받는 것이 어려울 수도 있다. 사람으로 태어나지 못하고 악도에 떨어진다면 어쩔 수 없이 또 악행만 쌓고 선행이라곤 하나도 쌓을 수 없을 것이다. 어쩌다 선행을 쌓을 기회가 있다고 해도 특별한 노력을 기울여야 할 것이다. 그렇게라도 하지 않으면 더 심한 악도에 떨어질 것이다. 우리는 더 큰 고통을 겪을 것이고, 마음은 극도로 혼란스럽고 완전히 무지한 상태가 될 것이다. 이런 상황이 되면 선행을 행할 기회마저도 갖지 못할 것이다. 선행을 전혀 행하지 못하고 악행만 쌓고 쌓아 영원히 악도에 떨어진다면 우리는 선도에 환생하는 것은 고사하고 '행복한 존재'라는 말조차 영원히 들어 보지 못할 것이다.

그래서 자비로운 석가모니 부처님은 다음과 같은 비유를 들어 가르쳤다. 가운데 구멍이 난 멍에가 망망대해에 표류하고 있다고 상상해 보라. 그 바다 속 깊은 곳에는 눈 먼 거북이가 한 마리 살고 있는데 백 년에 한 번씩 물 바깥으로 고개를 내민다. 우리가 다음 생에 인간으로 태어날 확률은 망망대해를 표류하는 멍에 구멍에 백 년에 한 번씩 물 바깥으로 고개를 내미는 거북이 머리가 낄 가능성과 비슷하다. 인간으로 태어나는 것은 이렇게 희귀하고 어려운 일이다.

우리는 무수한 악행을 쌓았다. 게다가 더욱이 짧은 한 순간에 지은 악행의 결과로 지옥에서 끊임없는 고통을 받게 될지도 모른다. 그렇게 되면 우리는 행복한 세계에 다시 태어날 수 없을 것이다.

우리가 저지른 악행의 과보를 한 번 받으면 거기서 벗어날 수 있다고 말하는데 이것은 사실이 아니다. 한 가지 악행의 인과를 받는 과정에서 우리는 악도에 환생한 것을 알게 되고, 우리 마음은 번뇌에 지배를 당하기 때문에 계속해서 악행을 저지를 것이다. 그 결과로 더 많은 고통을 받게 된다. 우리는 마음에 특정한 성향들을 강하게 갖고 있다. 어떤 상황에서는 그 성향들이 더 강해지고 부정적인 마음가짐과 번뇌들을 더욱 강해지도록 하는 경향이 있다. 우리가 삼악도에 한번 떨어지고 나면 거기서 벗어나기가 매우 어렵다. 따라서 운이 좋아 자유로운 인간으로 태어난 지금, 도덕적인 덕목을 익히지 않고 수행을 하지 않는 것은 고의적으로 자신을 기만하는 것과 같다.

우리는 행복을 원하고 고통을 원하지 않는다. 우리는 행복을 불러올 여러 원인을 쌓고, 고통을 불러올 여러 원인을 없앨 수 있는 기회를 가졌다. 우리가 이 기회를 놓치고 적극적으로 활용하지 않고 놓친다면 이보다 더 어리석은 일이 또 있겠는가? 죽음을 맞이할 때, 악행을 쌓은 결과로 무시무

시한 지옥의 환영을 볼 것이고, 공포와 비탄 속에서 죽을 것
이다. 우리는 중음신 상태로 잠시 머문 다음 악도에 환생할
것이다. 어쩌면 지옥에 있는 자신을 발견할지도 모른다. 고
통스럽고 괴로울 것이다. 후회가 한없이 밀려올 것이다. 우
연이든 필연이든 지금 우리는 귀한 인간의 삶을 얻었다. 우
리는 이 삶에 감사하고, 일시적으로 좋은 것과 장기적으로
좋은 것을 구분할 수 있어야 한다. 지금 수행을 하지 않고,
자신이 악도에 빠져들게 내버려 두는 것은 주술에 걸린 것
과 같다. 넋이 빠진 것이다.

## 진짜 적 그러나 가장 허약한 적

부정적인 감정인 번뇌는 우리를 해치고 파괴하면서 우리 마
음에서 태평하게 잘 지내고 있다. 번뇌의 파괴성을 깊이 생
각하라. 마음에서 분노가 일어날 때 마치 친한 친구가 나를
도우러 온 것처럼 보일지도 모른다. "걱정 마. 나 여기 있어.
내가 도와줄게."라고 분노가 속삭이는 것 같다. 적한테서 막
도망치려는 순간, 분노가 일어나면 갑자기 만용을 부린다.
더 대남해서서 어리석게도 보복까지 하려 든다. 집착은 상
냥한 친구처럼 다가온다. 집착은 우리를 속이고 서서히 우
리를 파괴한다. 강한 집착과 분노 때문에 우리는 분별력을
잃어버린다. 화가 나면 우리는 미친 사람처럼 군다. 미치면

분별력을 잃어버린다. 화로 인해 다른 사람을 패기도 하고, 하면 안 되는 자극적이고 험한 말을 쏟아 내기도 한다. 시간이 좀 흐른 후 집착이 사라지고 화가 가라앉고 나면 후회가 밀려올 것이다. 그러나 그때는 이미 엎질러진 물이다.

대개 우리는 적이 바깥에 있다고 생각한다. 우리는 악령이나 자신에게 적의를 갖고 있는 사람들을 적이라고 여긴다. 우리는 외부에 있는 적으로부터 자신을 보호하기 위해 외부에 있는 또 다른 세력에 의지한다. 부처님의 가르침에 따르면 외부에 있는 적들은 실제 우리의 적이 아니다. 외부에 있는 적은 일시적으로 적대적일 수는 있지만 언젠가 친구가 될 수도 있다. 더욱이 이들 역시 행복을 원하고 고통을 원하지 않는다는 점에서 우리와 같은 존재이다. 우리가 적이라고 여기는 이들은 사실 우리가 자비를 베풀기에 적합한 대상들이다.

우리에게 조금이라도 피해를 주는 대상을 적으로 여긴다면 우리 몸도 적으로 여겨야 한다. 몸은 우리가 느끼는 많은 통증의 기반이 아닌가. 마찬가지로 마음도 우리의 적으로 간주해야 한다. 우리가 실의에 빠져 있을 때 불행하다고 느끼기 때문이다. 외부에 있는 적들의 경우 오늘은 비록 적일지라도 내일은 친구가 될 수도 있다. 그들이 영원한 원수라고 단언할 수 있겠는가.

우리에게 실제적인 적은 우리의 번뇌이다. 번뇌는 처음부터 진짜 적이었고, 영원히 적으로 남을 것이다. 적이 무엇인가? 적은 우리에게 피해를 끼치는 존재이다. 경전에서는 번뇌를 우리의 적으로 여긴다. 해탈이나 열반에 이른다는 것은 적인 번뇌를 이기는 것이다. 열반에 이른다는 것은 몸을 바꾸거나 다른 행성으로 이동하는 것을 의미하지 않는다. 가정을 꾸리고 사는 티베트 사람들은 "지금 나는 윤회 속에서 방랑하고 있다."라는 말을 하곤 한다. 그들 눈에는 복잡한 가정이라는 굴레가 없으면 외관상 해탈한 것처럼 비칠 수도 있다. 하지만 그것은 진정한 의미의 해탈이 아니다. 우리는 이 육신을 기반으로 악행을 쌓기 때문에 우리 몸 자체가 윤회의 증거이다. 집착, 갈망, 미움 같은 것은 우리 마음속에 살고 있는 적이다. 그것들은 무기를 갖고 있지는 않지만 우리를 노예로 만들고, 무력하게 만든다. 그것들이 미치는 영향과 인과는 대단히 파괴적이다.

외부에 있는 적은 맞서 싸울 수 없다면 도망이라도 칠 수 있다. 예를 들어, 1959년에 우리 티베트인들은 중공군에게 포위되었을 때 히말라야를 넘어 도피했다. 옛날 사람들은 난공불락의 요새에 숨곤 했다. 요즘은 요새가 도리어 표적이 되지 않을까 싶다. 옛날 왕들은 요새 속에서 영원히 살 수 있으리라 믿었던 같다. 인도에서는 아직도 요새들을 어럽지 않게 볼 수 있다. 수많은 노동자들을 희생시켜 가며 쌓았을 중국의 만리장성 역시 비슷한 연유에서 만들어졌다. 하지만 수많은 요새를 쌓은 후에도 여전히 적이 우리 안에 살고 있다면 우리가 할 수 있는 것은 아무것도 없다. 우리 안에 있는 번뇌를 피해 어디에 숨을 수 있을까? 우리 몸속에 박테리아 같은 해로운 존재가 있다면 약을 먹거나 주사를 맞아서 없앨 수 있다. 그런데 우리 안에 있는 번뇌는 외부의 힘을 빌려 부숴 버릴 수도, 없앨 수도 없다.

이 우주에 존재하는 모든 신이 우리의 적과 한편이 된다고 해도 살아 있는 모든 것이 우리의 적이 된다고 해도 그들이 우리를 지옥으로 보낼 수는 없다. 하지만 번뇌는 한순간에 우리를 지옥으로 보낼 수 있다. 그래서 번뇌는 태초부터 우리를 해치고 파괴해 온 우리의 적이었다. 번뇌만큼 끈질긴 적은 없다. 보통의 적들은 죽기도 하고 사라지기도 한다. 보통의 적은 원하는 요구 조건을 들어주면 우호 세력으로 바뀌기도 한다. 때로는 적이 이익을 선사하는 존재가 될 수도 있다. 하지만 번뇌는 다르다. 번뇌에 우호적일수록, 의지할수록 더 많은 피해를 불러들이고, 더 많은 고통을 줄 뿐이다. 번뇌는 오랫동안 우리의 적이었고, 우리에게 고통을 가져오는 유일한 원인이었다. 이런 적을 우리 마음속에서 태평하게 살도록 내버려둔다면 우리는 결코 행복해질 수 없다.

집착의 올가미에 자신을 묶어 둔다면 어떻게 행복해질 수 있겠는가? 번뇌야말로 진정한 적이라는 사실을 분명히 알아야 한다. 그 다음에는 번뇌를 없애는 해결책을 사용해서 번뇌와 마주하고, 맞서 싸울 용기를 내야 한다. 번뇌가 모든 고통과 문제의 근원이라는 것을 알아야 한다. 일상에서 사소한 문제로 화를 내기도 하고, 심지어 보복을 하기도 한다. 그 문제를 해결할 수 없으면 잠까지 설친다. 군인은 전쟁터에서 부상 입는 것을 두려워하지 않고, 도리어 흉터를 자랑스럽게 여긴다. 전쟁에서 이길 때까지 물러서지 않는다. 그런데 우리는 왜 번뇌와 싸우는 것을, 그 싸움에서 겪는 고초를 자랑스러워하지 않는가? 어부, 농부, 상인, 직장인들이 생업 현장에서 돈을 벌기 위해 얼마나 많은 어려움들을 참고 견디겠는가. 하물며 모든 중생을 돕기 위해 부처가되는 과정에서 겪는 어려움이라면 당연히 참고 견뎌야 하지 않겠는가.

일반적으로 전쟁에서 이기면 적을 나라 밖으로 쫓아낸다. 때로는 적이 병력을 재정비하고, 강화해서 다시 공격을 하기도 한다. 하지만 번뇌와 치르는 전쟁은 다르다. 한번 물리친 번뇌는 다시 공격을 하지 못한다. 번뇌에 승리를 해서 한번 없애고 나면 번뇌는 다시 되돌아올 수가 없다. 이런 관점에서 보면 번뇌는 약하다. 번뇌를 없애기 위해 미사일이나 핵폭탄을 사용할 필요도 없다. 우리가 현실을 보고, 지혜의 눈을 기르면 번뇌를 없앨 수 있다. 그래서 번뇌는 약하다. 우리 마음에서 밀려난 번뇌는 어디로 갈까? 바로 공성 속으로 사라진다. 번뇌는 다른 곳에 숨어서 자신을 강화할 수 없기 때문에 우리를 다시 공격할 수 없다.

독립적인 존재를 갖고 있는 번뇌는 없다. 우리 마음에서 집착과 분노가 일어날 때면 매우 강력해서 마음을 혼란스럽게 만든다. 하지만 면밀하게 살펴보면 그 번뇌가 숨을 만한 곳은 딱히 없다. 번뇌는 우리 몸에 머무는 것도 아니고 감각 기관에 머무는 것도 아니다. 몸과 마음을 구성하는 다섯 가지 요소(오온五蘊) 안이나 밖에서 번뇌를 찾아내려고 해도 찾아낼 수가 없다. 번뇌는 환영과 같다. 그런데 왜 번뇌가 우리를 지옥으로 밀어 넣도록 내버려 두는가?

## 알아차림

우리가 항상 조심하고 주의를 기울이면 무엇을 수행하고, 무엇을 버려야 할지를 알게 된다. 행할 가치가 있는 것과 없는 것을 구분하고, 세심하게 자신을 살피기 시작하면 자신이 부정적인 행동을 하려고 할 때 바로 알아차릴 것이다. 그러면 스스로를 통제할 수 있다. 조심하고 주의하는 것이 매우 중요하다. 얼마나 면밀하게 주의할 수 있는지는 알아차림의 강도에 달려 있다. 주의를 유지하기 위한 최선의 방법은 몸, 말, 마음의 움직임을 살펴보고, 항상 지켜보는 것이다. 우리 마음은 코끼리와 같다. 코끼리를 길들이지 않고 내버려 두면 사방이 아수라장이 될 것이다. 우리가 마음을 제대로 지켜보지 않아 생기는 피해와 고통은 날뛰는 야생 코끼리가 입히는 피해보다 훨씬 더 클 것이다.

문제는 '마음을 어떻게 길들일 것인가?'이다. 알아차림이 필요하다. 알아차림은 우리 몸, 마음, 말의 모든 움직임을 묶는 밧줄과 같다. 알아차림이라는 밧줄로 야생 코끼리처럼 날뛰는 우리 마음을 명상 대상에 묶어 두어야 한다. 다시 말해 우리 마음을 도덕적 덕목에 묶어 두고 부도덕한 쪽에서 헤매지 않도록 해야 한다. 마음이 어디로 가고 있는지를 주의 깊이 살펴라. 마음이 긍정적인 방향으로 흐르고 있으면 기뻐하라. 그리고 더 강화하라. 마음이 지속적으로 긍정적인 방향으로 흐른다면 우리는 모든 두려움을 극복할 수 있다.

긍정적인 경험과 부정적인 경험은 모두 마음에서 일어나며, 그것은 우리 마음의 변화 여부에 달려 있다. 그러므로 마음을 통제하고 수련하는 것이 가장 중요하다. 우리가 느끼는 모든 두려움과 헤아릴 수 없는 고통들은 마음에서 생긴다. 부처님은 마음보다 더 강력한 적은 없다고 가르쳤다. 윤회 세계에서 마음보다 더 무섭고 더 두려운 것은 없다. 마찬가지로 수련을 통해 길들여진 마음은 온갖 훌륭한 덕목을 만들어 낸다고 부처님은 말씀했다. 평화와 행복의 근원은 마음이다. 행복은 도덕적인 수행의 결과에서 생기지만 고통은 부정적인 행동의 결과에서 생긴다. 따라서 행복과 고통은 마음의 변화 여부에 달려 있다. 단기적으로 보더라도 마음을 더 많이 통제하고, 수련할수록 우리는 더 행복하고 더 평온할 것이다.

마음이 다스려지고 또 편안해지면 온 우주가 적이 되어 공격해 와도 위협을 느끼거나 불행하다는 느낌이 들지는 않을 것이다. 반면에 마음이 혼란하고, 불안하면 눈앞에 진수성찬이 있어도 즐길 수 없을 것이다. 기분 좋은 이야기를 들어도 즐겁지 않을 것이다. 이렇듯이 마음이 길들여졌는지 아닌지에 따라서 행복을 경험할 수도, 고통을 경험할 수도 있다.

마음을 길들여 소유욕과 욕망이 사라지고 나면 우리는 보시바라밀를 달성할 것이다. 보시바라밀은 우리가 가진 것 전부를 베푸는 것뿐만 아니라 보시의 공덕까지 모든 중생을 위해 베푸는 것을 의미한다. 이 수행은 전적으로 마음에 달려 있다. 지계바라밀도 마찬가지다. 지계바라밀을 달성하는 것은 어떤 경우에도 중생들을 해치지 않겠다는 마음 상태에 이른 것을 의미한다. 이것은 이기심이라곤 전혀 찾아볼 수 없는 상태이다. 인욕바라밀도 마찬가지다. 제멋대로인 중생은 한량없이 많다. 하지만 우리가 마음을 다스리고 나면 외부의 모든 적을 섬멸한 것과 같다. 마음이 고요하면 주위 환경 전부가 적대적이어도 동요하지 않는다. 가시로부터 발을 보호하겠다고 온 세상을 가죽으로 덮을 수는 없다. 발을 가죽으로 감싸는 것이 더 효과적이다.

마음을 보호하고 싶으면 알아차림 상태를 유지해야 한다. 주의를 기울이지 않고, 알아차림 상태가 느슨할 때 그동안 쌓아 둔 공덕은 마치 도둑맞은 것처럼 사라질 것이다. 그 결과로 악도에 떨어질 것이다. 번뇌는 강도나 도둑과 같다. 번뇌는 호시탐탐 기회만 엿본다. 기회만 있으면 우리 공덕을 훔쳐 갈 것이다. 번뇌는 인간으로 태어난 이 소중한 기회를 방해한다. 그러니 결코 알아차림이 약해지지 않도록 하라. 가끔 알아차림을 놓친다면 끝없이 윤회하는 고통을 기억하는 것으로 알아차림을 강화하라.

알아차림을 유지하는 방법에는 어떤 것이 있을까? 스승을 가까이 하고, 가르침을 듣고, 수행해야 할 것과 포기해야 할 것을 구분하는 것 등이 있다. 가르침을 가까이 하면 할수록 주의는 더욱 깊어질 것이다. 훌륭한 도반들을 가까이 할 때 자연스럽게 주의가 깊어질 것이다. 가르침을 듣고 훌륭한 도반들을 모범으로 삼을 때 포기해야 할 것과 수행해야 할 것을 알게 된다. 윤회의 무상한 본성과 고통에 대한 설명을 깊이 고찰할 때 마음속에 윤회에 대한 두려움을 키울 수 있다. 운이 좋은 사람은 그런 두려움으로 인해서 곧 알아차림을 유지할 수 있을 것이다.

알아차림을 강화하는 또 다른 방법은 부처님과 보살님이 전지한 마음을 지니고 있다는 사실을 기억하는 것이다. 그분들은 우리가 무엇을 하고 있는지 모두 알고 있다. 우리가 그분들의 존재를 기억할 때 우리는 주의가 깊어질 것이다. 그분들이 우리를 지켜보고 있는데 부정적인 행동을 한다면 부끄럽지 않겠는가! 불보살님은 막힘없이 두루 아는 무애지無碍智를 갖추고 있는데 우리가 그 무엇을 감출 수 있겠는가. 이것을 알고 그분들에 대한 존경심을 유지하는 것이 불보살을 기억하는 수행이다. 보통 우리는 기도문을 암송하거나 불보살을 호명할 때나 그분들이 우리에게 주의를 기울일 것이라고 생각한다. 이것은 잘못된 생각이다. 전지한 부처님의 마음은 미세한 입자에 이르기까지 모든 것에 스며들어 있다. 다시 말해 부처님의 마음은 시공을 초월하여 모든 현상을 알고 있다. 우리가 항상 전지한 부처님 앞에 있다고 생각하는 것은 부처님과 부처님의 덕목을 기억하는 방법이다. 이것을 일상적인 수행으로 삼아야 한다.

우리가 알아차림을 잘 지속한다면 마음에 부정적인 감

정이 일어날 때 바로 통제할 수 있다. 예를 들어, 누군가와 대화를 하면서 우리가 화를 내기 시작할지도 모른다. 이때 알아차림은 재빨리 대화를 멈추게 하거나 화제를 바꾸게 할 것이다. 상대방이 부당하게 굴고, 도발적인 말을 하더라도 같은 방식으로 반응할 필요가 없다고 마음속으로 생각하라. 그 상황을 곱씹지 말고, 상대방의 장점을 떠올리며 주의를 환기하라. 이렇게 하면 분노가 줄어든다.

코끼리 같은 마음은 번뇌에 물들어 있기 때문에 우리는 그 마음을 종교 수행이라는 큰 기둥에 묶어 두어야 한다. 전력을 다해 마음을 살피고, 한순간이라도 마음이 헤매지 않도록 노력해야 한다. 마음이 무엇을 하려고 하는지, 무엇을 하고 있는지에 주시를 해야 한다. 예를 들어, 우리가 명상을 할 때 처음에는 주의를 집중하고, 주의가 흐트러지지 않도록 노력해야 한다. 이 결과로 15분 정도는 주의가 흐트러지지 않고 명상을 잘 할 수 있을지도 모른다. 이것에 익숙해지고 나면 시간을 조금씩 늘릴 수 있다.

물론 마음을 통제하고, 마음을 명상의 대상에 머물게 하는 것은 어렵다. 마음을 우리가 원하는 대로 움직이는 것은 어려운 일이긴 하지만 서서히 익숙해지면 어느 정도 성과가 있다. 마음을 통제할 수 있는 기술이라면 무엇이든 사용해도 무방하다. 예를 들어, 명상을 할 때 벽을 보고 앉는 자세가 동요하는 마음을 통제하는 데 도움이 될 수도 있고, 때로는 눈을 감는 것이 도움이 될 수도 있고, 때로는 눈을 뜨는 것이 도움이 될 수도 있다. 개인의 성향과 상황에 따라 결정하면 된다.

알아차림은 번뇌가 일어나는 것, 무의미하고 불필요한 짓을 하는 것을 항상 감시하고 경계하는 방법이다. 어디로 가고 싶다거나 어떤 말을 하고 싶다면 먼저 그 언행이 적절한지 적절하지 않은지를 먼저 판단하라. 마음에서 집착이 막 일어나려고 할 때, 다른 사람에게 화를 내려고 할 때, 아무것도 하지 말고 아무 말도 하지 말고 아무 생각도 하지 말고 나무토막처럼 가만히 있으라. 실없이 킬킬거리거나 자랑을 늘어놓고 싶거나 남의 결점을 들추고 싶거나 남들을 속이고 싶거나 부적절한 말이나 비꼬는 말을 하고 싶거나 자화자찬을 하고 싶거나 남을 비난하거나 힐책하고 싶어 한다는 것을 알아차리면 나무토막처럼 가만히 있으라. 재물, 명예, 명성을 얻고 싶어 하고, 추종 세력을 만들고 싶어 하는 것을 알아차리면 나무토막처럼 가만히 있으라. 타인의 목적은 무시하면서 자신의 목적은 이루려고 애쓰고 더 나아가 그것을 떠벌리고 싶어 하는 것을 알아차리면 나무토막처럼 가만히 있으라. 성급하게 굴거나 게으름을 피우고 싶거나 낙담을 하거나 주제넘은 말을 하고 싶거나 오만한 마음이 올라올 때도 나무토막처럼 가만히 있으라.

미성숙한 사람은 정신적으로나 종교적으로 제대로 성장하지 못한 이들이다. 성숙하지 못하고 마음이 편협한 사람들은 늘 옥신각신 다투는 아이들처럼 군다. 그들이 만족을 모른다고 낙심하지 말라. 그들 얼굴에 불만이 가득한 것은 마음에 번뇌가 들끓고 있기 때문이니 오히려 그들에게 자비심을 일으켜야 한다. 번뇌 때문에 그들이 경솔한 행동을 한다. 이런 모습을 따라하지는 말라. 지혜에 대한 명상을 통해 우리는 본래부터 존재하는 '나'라는 것이 없다는 사실을 알 수 있다. 자신을 보살의 화현이라 생각하라. 이 생각을 마음속에 잘 간직하라. 그리고 궁극에는 이 소중한 삶의 목적을 실현하겠노라고 결심하라.

명상을 할 때 몸에 대한 집착을 없애는 것도 중요하다. 죽고 나면 우리 몸은 독수리 떼에게 먹힐지도 모른다. 하지만 그때 우리는 상관하지 않을 것이다. 그런데 지금은 왜 이토록 몸에 집착을 하는 것일까? 물건을 빌려 쓰고 나면 당연히 주인한테 다시 돌려준다. 지금 우리 이 몸도 다른 사람한테 빌린 물건과 같다. 아무리 몸에 공을 들여도 조만간 이 몸을 두고 떠나야 한다. 그런 몸을 위해 그 많은 노력을 쏟는 것이 무슨 소용이 있는가? 머지않아 이 몸을 남겨 두고 떠나야 하는데 잠시 빌려 쓰는 동안에 우리 몸은 고난을 불러올 많은 불필요한 행동들을 한다.

우리가 몸을 불쾌한 것이라고 표현하곤 하는데 이것이 무슨 뜻인지 살펴보자. 먼저 우리 피부를 보자. 겉으로 보면 피부는 부드럽고 매끈하다. 실제 피부를 분석해 보자. 피부 바로 밑에 힘줄, 신경 섬유, 피하 조직들이 있다. 엑스레이 사진을 본 적이 있을 것이다. 피부나 혈액 등은 보이지 않고 뼈대만 고스란히 보인다. 우리 몸은 피부와 뼈, 혈액 등으로 구성된 집합체이다. 이것이 실제이다. 그런데 우리는 "이것은 아름답고 멋진 내 몸이야!"라고 생각한다. 마음으로 우리 몸을 구성하고 있는 요소들을 자세히 살펴보라. 피부 아래에 있는 것이 무엇인가. 피가 있고, 뼈가 있다. 뼈를 절개하면 골수가 보일 것이다. 여기에 무슨 본질이 있는가? 그런데 왜 우리는 실체도 없는 몸을 이토록 소중하게 여기는가? 우리는 몸을 잘 보살펴야 한다고 여긴다. 그래서 잘 먹이고, 잘 입힌다. 아무것이나 먹이고 입히는 것이 아니라 맛있고 좋은 음식, 비싸고 아름다운 옷을 바란다. 물론 추위나 더위로부터 몸을 보호하기 위해 옷이 필요하기는 하지만 단순히 몸을 감싸기 위해서 그렇게 많은 돈을 소비하고 그렇게 비싼 천을 사용해야 하는가? 게다가 사람들은 장신구까지 필요하다고 느끼는 것 같다. 귀에 구멍을 뚫고 귀걸이를 하고, 코에 구멍을 뚫어 코걸이도 한다.

이 모든 행동들은 혼란한 마음인 무지의 결과이다. 무엇이 문제인가? 각자 이 문제를 탐구해야겠지만 우리 몸에서 그 어떤 본질도 발견할 수 없을 것이다. 인간의 지성은 아주 많은 것을 만들고, 아주 다양한 것을 창조한다. 누구는 부자고, 누구는 아름답다고 하면서 우리는 번뇌를 키워 간다. 재가자들이 그렇게 행동하는 것은 어느 정도 이해를 할 수 있지만 출가 수행자들이 장식이 있는 의복을 입는 것은 수치스러운 일이다. 부처님이 어떻게 살았는지를 생각해 보라. 치장이라곤 하지 않는 매우 소박한 승려였다.

따라서 우리 몸을 자세히 살펴보면 본질을 갖고 있지 않다. 지극히 불쾌한 물질로 이루어진 집합체에 불과하며, 더러운 물질을 만들어내는 장치에 불과하다. 이런 몸에게 왜 그토록 집착을 할까? 왜 그토록 알뜰히 보살피는가? 몸이라는 이 불쾌한 물질은 먹을 수도 없다. 피는 마실 수도 없으며 내장 역시 먹을 수도 없다. 이런 몸이 무슨 소용이 있는가? 죽고 나면 독수리 밥으로 주자고 이 몸을 보살피는가? 우리 몸을 구성하고 있는 근원 물질은 부모의 정자와 난자에서 비롯되었다. 이 정자나 난자를 웅덩이에서 우연히 보게 된다면 무척 역겨울 것이다. 거슬러 올라가면 우리 몸은 누대에 걸쳐 이어져 내려온 불쾌한 물질의 정수가 결합되어 만들어진 결과물인 셈이다. 마찬가지로 우리 몸을 이루고 있는 피부, 피, 뼈의 본질 역시 불쾌한 물질임을 부정할 수 없다.

죽을 때까지 우리는 이 몸을 건사하기 위해 매일 먹고 마신다. 내 나이가 이미 예순을 넘었다. 육십 년 세월 동안 얼마나 많은 음식을 먹었겠는가? 이 생명을 부지하는 데 얼마나 많은 생명들이 희생되었겠는가? 우리는 이 육신을 건사하기 위해 많은 노력을 한다. 하찮은 목숨을 건사하기 위해 수많은 생명을 희생시켰다면 차라리 짐승이나 벌레로 태어나는 것이 더 나았을지도 모른다. 그랬더라면 다른 중생들에게 피해를 덜 주었을 것이다.

## 깨어 있는 이의 처신

인간의 지성을 긍정적으로 사용하지 않는다면 인간으로 태어난 의미가 없다. 우리는 거름을 만들어 내는 기계에 불과할지도 모른다. 인간은 모든 중생의 행복에 기여하기 위해 지성과 분별력을 사용해야 한다. 이것이 삶을 의미 있게 만드는 법이다. 그리고 일시적인 평화는 물론 장기적인 평화를 불러오는 방법이다. 교육을 많이 받았다고 해서 부러워할 것도, 부자라고 해서 부러워할 것도 없다. 다른 중생에게 자비심을 베풀지 못한다면 돈이 많은 것도, 많이 배운 것도 무의미하다. 아무 소용이 없다. 제대로 된 수행을 하기 위해 지성을 활용하고 육체를 사용해야 한다.

우리 삶의 목적이 자신을 다스리고, 다른 중생을 돕는 것이라는 사실을 깨닫기 위해 노력하라. 이것을 제대로 안다면 항상 몸과 마음을 잘 다스리고, 다른 중생들을 돕기 위해 몸과 마음을 쓸 것이다. 인간은 보리심을 키워 자신의 행복과 다른 중생의 고통을 교환할 줄 아는 지성을 지니고 있다. 그렇기 때문에 부처의 경지에 이를 수 있는 것이다. 부처의 경지에 이르는 것이 진정한 자유를 얻고, 해탈을 하는 길이다. 부처가 될 수 있다는 확신, 용기, 자신감을 지니고 환한 얼굴로 다른 사람을 대하고 찌푸린 얼굴로 대하지 말라. 모든 사람을 자비롭게 솔직하게 살뜰하게 대하라. 모든 중생을 친구처럼 대하라.

다른 사람에게 방해가 되는 행동을 하지 말고, 피해를 주는 행동도 하지 말라. 침착하고 겸손하게 처신하라. 호들갑 떨지 말고 살금살금 돌아다니는 고양이처럼 행동하라. 다른 사람이 유익한 말을 하거나 청하지도 않은 조언을 할 때 마저도 정성을 다해 받아들여라. 다른 이의 장점을 본받고, 세상 사람들을 스승으로 여겨라. 누군가 긍정적이고 가치 있는 말을 하면 칭찬하라. 선행을 하는 사람을 보면 칭찬하라. 본인 앞에서 칭찬을 할 수도 있지만 아첨을 떠는 것처럼 보일 수도 있으니 이럴 때는 다른 사람 앞에서 칭찬을 하는 것이 더 낫다. 어떤 사람이 다른 사람을 칭찬할 때 함께 칭송하라. 대개

이럴 때 함께 칭찬하기 보다는 부정적인 반응을 보이기가 쉽다. "예, 그러나……"라고 한다거나 칭찬의 내용을 부정하거나 심지어 결점을 들추기도 한다. 만일 누군가가 우리를 칭찬한다면 자신에게 그런 덕목이 있는지 잘 살펴보라. 자신이 특별하다고 여기며 우쭐거리면 안 된다. 오만하게 굴지 말고 자신의 장점을 인정받았다는 사실에 감사하라.

어린 시절, 문장 작법을 가르쳐 주던 스승에게 들은 이야기이다. 설법을 하는 라마와 제자의 이야기인데, 출가 수행자에게 허락된 세 가지 장식이 있으니 바로 대머리, 갑상선종, 턱수염이라고 했다. 라마의 설법을 듣던 승려 가운데 이 세 가지를 모두 갖춘 이가 있었는데 그 승려는 다 가진 것이 좋아서 자랑스럽게 목을 쭉 빼고는 했다고 한다. 그러자 설법을 하던 라마가 말했다. "한 사람한테 세 가지가 다 나타나는 건 아주 나쁜 징조지!" 그러자 목을 쭉 빼고 있던 승려는 재빨리 목을 움츠렸다고 한다. 이 이야기의 요지는 분명하다. 사람들이 칭찬을 할 때 우쭐거리지 말라는 것이다. '남의 장점을 알아보는 사람인 걸 보니 괜찮은 사람이구나!' 정도로 가볍게 생각하라.

우리가 어떤 일을 하든, 그 일은 중생을 행복하게 만드는 데 기여해야 한다. 기쁨과 행복은 돈으로 살 수 없다. 기쁨과 행복은 마음에서만 키울 수 있을 뿐이다. 남들이 행복해 하는 것을 보면 함께 기뻐하라. 경쟁심이나 질투심을 갖지 말고 다른 사람들을 돕기 위해 노력하라. 그러면 자연스럽게 충만해질 것이다. 의미 있는 삶을 살고 있다는 자족감도 들 것이다. 결코 남들에게 적의를 품지 않고 방해도 하지 않을 것이라는 확신도 생길 것이다.

남들을 끊임없이 모욕하고, 방해하는 사람이라면 깨어 있을 때뿐만 아니라 꿈속에조차도 심란할 것이다. 우리가 다른 이를 돕고, 평화롭고 행복한 분위기를 만든다면 꿈속에서도 평화롭고 행복할 것이다. 남이 행복해 하는 것을 보면서 함께 기뻐하는 것이야말로 순수하고 진정한 행복이다. 이런 마음가짐은 현재 생에서뿐만 아니라 미래 생에서도 진정 이롭다. 반대로 남이 행복한 것을 보면 기분이 나쁘고 질투가 난다면 안질, 허리 통증, 고혈압 등에 시달릴 것이다. 지금 여기서도 비참하고, 몸은 아플 것이고, 다음 생에도 큰 고통을 받을 것이다.

다른 중생을 우리가 어떻게 여겨야 할까? 눈앞에 있는 다른 중생들을 볼 때마다 자신이 이들에게 의지해서 부처의 경지에 이를 것이라고 생각하라. 타인이 자신에게 베푼 은혜를 기억하고, 사랑하는 마음으로 타인을 바라보라. 좋은 덕목을 지닌 사람, 자신에게 은혜를 베푼 사람, 고통 받고 있는 사람들을 돕고 챙긴다면 큰 공덕을 쌓을 것이다. 예를 들어, 자신의 부모나 노인들처럼 나이 많은 사람들을 공경하라. 나이 든 이들은 젊은이들의 장점과 창조적인 특성을 받아들여야 한다. 젊은이들은 나이 든 이들의 경험을 배우려고 노력하고, 공경해야 한다. 부모와 자식 간에 조화로운 관계를 형성하는 것은 매우 중요하다. 부모가 자식들을 돌보는 것은 의무이다. 부모가 자식을 잘 돌보면 자식은 감사로 화답할 것이다. 오늘날 어느 나라 할 것 없이 부모와 자식의 관계가 그리 친밀하지는 않은 것 같다. 부모는 자식들에게 그다지 애정이 없고, 자식들은 부모를 그다지 존경하지 않는다. 부모에게 애정이 없는 자식들은 늙은 부모가 빨리 죽기를 바란다. 부모 역시도 자식과 떨어져 사는 것을 선호한다.

무기력하고 천대 받는 사람들을 돕는 것이 중요하다. 일반적으로 말쑥하게 차려 입고 매력적인 사람이 도움을 청하면 바로 도와주고 싶어 하지만 누더기를 걸치고 꾀죄죄한 사람이 도움을 청하면 우리는 바로 외면하려고 한다. 이것은 좋은 자세가 아니다. 호감을 주고 말쑥하게 차려 입은 사람이 우리를 속일 수도 있지만 누더기를 걸친 그 무력한 사람이 우리를 위협하는 일은 그다지 많지 않다. 나는 걸인을 볼 때 그 사람이 나보다 못하다는 생각도 하지 않지만 내가 그 사람보다 낫다는 생각도 결코 하지 않는다. 그러나 지성적이고 영리한 척하는 사람을 만날 때는 쉽게 경계를 풀지 않는 경향이 있다. 물론 상대방이 솔직하고 유쾌하다면 나도 그렇게 한다. 우리가 속을 털어놓고 정직하게 대할 때 상대도 그렇게 한다면 곧 친구가 될 수 있다. 그러나 우리가 정직하게, 솔직하게 대하는데도 상대방이 그렇지 않다면 다른 대응책을 마련해야 한다. 우리가 무엇을 하든 중요한 것은 이미 천대받는 사람들을 괴롭히거나 기만하지 말아야 한다.

## 집중과 포기

수행할 것과 포기할 것에 익숙해지고, 잘 구분하라. 다른 사람들 도움 없이도 선행을 할 수 있다는 자신감을 가져라. 부차적인 수행을 한답시고 중요한 수행을 포기하지 말라. 가장 중요한 것은 우리가 무엇을 하든 그것은 남을 돕는 일이어야 하며 그들의 소망을 실현하는 결과를 가져와야 한다. 이 중요한 점을 충분히 인지하고서 다른 이를 위해 끊임없이 노력해야 한다. 이것이 자비로운 부처님의 가르침이다. 부처님은 선견지명이 있는 분이라 장기적으로 유용한 것과 단기적으로 유용한 것을 이미 알았다. 그래서 부처님의 조언은 융통성이 있으며, 남들을 돕기 위해서 끊임없이 애쓰는 보살에게는 통상적으로 금지되는 일이 허용되기도 한다.

우리는 음식을 세 부류의 중생과 나누어야 한다. 세 부류의 중생이란 배고픈 아귀 같은 악도의 중생들, 걸인이나 짐승들처럼 보호받지 못하는 중생들, 출가 수행자들처럼 계율을 지키는 사람들을 가리킨다. 음식을 사등분하여 삼등분은 보시하고 나머지를 먹는다. 무엇을 먹거나 마실 때마다 먼저 불법승 삼보에게 공양을 올리고, 일부는 걸인들에게 주고, 일부는 배고픈 아귀들에게 주라.

우리 신체는 수행을 할 수 있도록 하는 토대이기에 결코 가벼이 여기면 안 된다. 두 가지 극단을 피해야 한다. 장신구로 치장하고, 화려한 옷을 걸치고, 기름진 음식을 먹으며 지나치게 사치스러운 생활을 하지 말라. 그렇게 하면 공덕이 고갈되기 때문이다. 그렇다고 몸이 탈진이 될 정도로 고행을 하는 것도 경계해야 한다. 날씨에 상관없이 벌거벗은 상태로 돌아다니며 수행을 하는 것도, 칼로 몸을 찌르는 것 같은 고행도 또 다른 극단이다. 무의미한 고행을 자신에게 강요하지 말라. 몸을 건강하게 유지하지 못하면 수행을 하는 데에 방해가 된다. 몸을 건강하게 잘 유지하면서 계율·선정·지혜의 삼학三學을 따를 때에야 중생들의 소망을 실현할 수 있을 것이다.

종파주의 사고방식을 받아들이는 것은 위험하다. 부처님의 가르침은 그 단계가 다양하나 한결같이 부처의 경지에 이르는 것을 목표로 한다. 우리가 부처님의 가르침을 성불을 하는 데 사용하지 않고 다른 학파나 다른 종파 간에 갈등을 조장하는 데 사용한다면 참으로 유감스러운 일이다. 우리는 종파적인 편견 없이, 부처님의 가르침을 듣고, 생각하고, 명상하는 것을 통해 철저하게 몸과 마음에 익혀야 한다. 이것이 중요하다. 그러려면 두 가지 접근 방법이 있다. 과거에 자신이 속한 학파나 종파의 가르침에만 집중하고 다른 학파나 종파의 가르침에는 관심을 전혀 기울이지 않는 학자들이 있었다. 그와는 달리 모든 종파의 가르침을 배우는 학자들도 있었다. 현대사회에서는 두 번째 접근 방법이 더 적합하다.

불교 공부를 하는 서양인들 가운데 자신이 속한 학파의 가르침만 알고 다른 학파의 가르침은 전혀 모르는 경우가 많다. 그 결과, 다른 학파나 다른 종파의 정통성에 의심을 품곤 한다. 그래서 나는 티베트 불교의 네 종파(겔룩, 닝마, 카규, 사캬)가 서로 갈등 없이 부처님 가르침을 잘 따르고 있다는 것을 설명하려고 한다. 개인적으로 나는 네 종파의 가르침을 배우고 수행하는 것이 매우 유용하고, 유익했다. 내가 이렇게 말하면 "네 종파의 가르침을 설명할 수 있는 지식과 경험을 갖춘 스승을 간절히 찾지만 현실적으로 만나기가 어렵다."라고 말하는 사람들도 있는데 그럼에도 불구하고 우리는 네 종파의 상이한 가르침을 제대로 배우고 익혀 사람들의 소망을 효과적으로 실현하기 위해 노력해야 한다.

티베트에는 인구 밀도가 낮고, 공기와 물이 깨끗하다. 중국이 침략하기 이전에는 어떤 물이든 그냥 마셔도 될 정도로 깨끗했다. 기후와 환경 때문에 건강이나 위생에 위협을 받는 일이 없었다. 오늘날 많은 선진국의 경우, 환경오염이 너무 심해 미래 세대를 위한 조치가 필요한 지경이 되었다. 우리도 이제 환경오염이 미치는 악영향에 대해서도 관심을 기울여야 한다. 모든 중생의 행복을 고민하고 있는 우리는 이미 기본적인 자질을 갖추고 있다. 예를 들어 보자. 쓸데없이 땅을 판다거나 풀을 베는 것은 곤충들과 짐승의 생명을 해치고 생존을 방해하는 일이 된다. 곤충과 짐승에게도 관심을 기울이는 것은 환경을 보존하는 좋은 계기가 된다. 환경 보호의 필요성을 깊이 이해하는 수행자들이 나서서 사람들에게 환경 보존의 필요성을 이해시켜야 한다.

보살의 많은 수행 가운데 가장 중요한 것은 마음 수련이다. 보살은 수행이나 수련을 할 때 아무것도 무시하지 않는다. 그러므로 보살에게는 공덕이 되지 않는 것이 아무것도 없다. 수행을 직접적으로 하든, 간접적으로 하든, 중생의 소망을 실현하는 일에만 관심을 갖고, 중생을 돕는 일만 하라. 모든 선행을 중생을 돕는 데 회향하라. 완전한 존재인 보살의 행동을 따른다는 것은 이기적인 사고방식을 하지 않는다는 것을 의미한다. 알아차림을 유지하면서 진정한 수행을 해야 한다. 말로만 한다면 무슨 소용이 있겠는가? 실제로 수행을 해야 한다. 환자가 의학 서적을 읽기만 한다면 무슨 도움이 되겠는가? 보살 수행을 논의하는 것만으로는 부족하다. 직접 수행에 옮겨야 한다.

# 고통에서 배우는 것들

---

고통을 받아들이는 마음가짐을 바꾼다면
삶도 바뀐다. 고통을 깊이 살피고 생각하면
긍정적인 결과를 가져온다.

5

보리심을 유지하고, 보리심이 쇠퇴하지 않도록 하는 가장 효과적인 방법은 인욕 수행이다. 누군가가 자신을 해치려고 하거나 자신에게 피해를 줄 때 친절하고 자비로운 마음가짐을 잃어버릴 위험이 크기 때문이다. 인욕 수행만이 우리를 도울 수 있다.

인욕 수행의 첫 걸음은 인욕이 가져올 이익과 분노와 미움이 불러올 끔찍한 결과를 생각하는 것이다. 인욕을 수행하는 것은 마음의 평화를 유지하는 데 가장 효과적인 방법이다. 인욕은 불리한 상황에 처하든, 적대적인 세력과 마주하든 동요하지 않고 마음을 명료하게 유지하게 한다. 길게 보면 용기와 강한 결단력도 키우게 한다. 반면에 분노와 적대감은 이번 생뿐만 아니라 다음 생에도 우리에게 큰 손해를 입힐 수 있다. 평소에 아무리 공손하고 상냥하게 굴어도 분노가 폭발하면 우리의 장점들은 순식간에 사라지고 만다. 예를 들어, 친한 친구에게 화가 나서 한 말이나 행동 때문에 오랜 우정이 깨질 수 있다. 분노는 주변 사람들뿐만 아니라 우리 마음의 평화까지도 깬다. 분노는 갈등과 불행을 불러온다. 분노는 우리 삶의 발전을 가로막기도 한다. 분노는 평소에 민망해서 할 수 없는 거친 말과 행동을 하게 만든다. 분노에 휩싸여 살인 같은 극단적인 행동을 하기도 한다. 이런 부정적인 행동은 마음에 강한 잔상을 남기기 때문에 다음 생에 악도에 환생하는 결과를 불러오기도 한다. 우리가 무수한 전생에 보시 수행을 하고, 부처님 앞에 많은 공양을 올리면서 쌓은 공덕들이 한 순간의 분노로 모두 무너질 수 있다. 보살에게 화를 나면 특히 더 그렇다. 수행에 방해가 되고, 장애가 되는 것 가운데 분노보다 더 나쁜 것은 없다. 마찬가지로 인욕과 견줄 만한 고행도 없다. 그러므로 모든 방법을 동원해 인욕을 강화해야 한다.

분노의 원인

분노가 일어나는 데에는 여러 가지 원인이 있겠지만 불행과 근심이 크게 작용한다. 우리는 일상에서 일어나는 여러 사건이나 상황에 불합리하게 대응하는 경향이 있다. 어떤 것이 우리를 괴롭힐 때 다른 사람을 비난하는 경향이 있다. 이럴 때는 즉각적으로 반응하지 말고, 차분하게 그 문제를 살펴봐야 한다. 첫 번째로 해결책이 있는지를 먼저 생각해 보는 것이다. 해결할 수 있는 문제라면 걱정할 필요가 없다. 반대로 해결할 수 없는 문제라면 걱정한들 무슨 소용이 있겠는가. 보다 합리적으로 문제에 접근을 해서 우리 마음이 어지럽고 혼란스러워지는 것을 막아야 한다. 예를 들어 보자. 어떤 사람이 막대기로 때린다면 일반적으로 우리는 그 사람에게 화를 내고, 보복을 한다. 이것이 평상시의 방법이다. 불법이 우리에게 가르치는 점은 마음을 가라앉히고 실제 원인을 찾아야 한다는 것이다. 무엇이 실제 원인인가를 찾는 것이다. 그 '사람'인가? 아니면 그 사람의 '미혹한 마음'인가? 그도 아니면 우리를 때린 '막대기'인가? 이런 추리 과정에 의하면 우리는 그 사람을 폭력적으로 행동하게 만든 번뇌에 화를 내야 한다. 이것은 일상에서 일어나는 부정적인 사건에 우리가 어떻게 대응하는 것이 합리적인지를 보여주는 한 예이다.

마음이 분노로 가득 차 있는 한 우리는 결코 평화와 행복을 누리지 못할 것이다. 우리가 이미 잘 알고 있듯이 분노가 일어나자마자 숨쉬기가 힘들어진다. 질식할 것 같은 느낌이 든다. 이런 상황에서 어떻게 잠을 제대로 자고, 음식을 맛있게 먹을 수 있겠는가? 심신은 모두 편치 않을 것이고 잠도 못 이루니 마음은 불안정할 것이다. 이 생에서 화를 낸 결과로 다음 생에 못생긴 사람으로 태어난다고 경전에서는 설명하고 있다. 물론 교활한 사람들도 있는데 티베트 몇몇 귀족들이 여기에 해당되는 것 같다. 교활한 자들은 마음에서 분노가 올라오면 올수록 미소를 더 많이 짓는다. 그런 자들을 제외하면 우리 대부분은 즉각적으로 분노한다. 예를 들어, 내 고향인 암도Amdo(티베트 북동부 지역)에서는 화가 나면 사람들 얼굴이 벌겋게 달아오른다. 그래서 티베트 속담에 이런 말이 있다. "암도 사람들처럼 행동하지 말라." 중부 티베트는 불법佛法의 땅으로 알려져 있다. 이곳에 사는 사람들 가운데는 마음을 길들이거나 바꾸는 법은 배우지 못했지만 화가 날 때조차도 미소를 머금는 표정 관리법은 확실히 배운 것 같다.

　마음에서 분노가 갑작스레 솟구치면 우리 얼굴은 바로 일그러진다. 벌겋게 달아오르고 찌푸린 모습은 못나 보인다. 고양이 같은 짐승도 매우 흉한 모습으로 분노를 표현한다. 번뇌의 부정적인 속성을 인지하고, 화를 내고 있는 사람을 지켜본다면 우리 앞에서 벌어지는 상황을 분명하게 알아차릴 수 있다. 분노는 우리 모습을 흉하게 만들 뿐 아니라 우리를 어리석고 졸렬한 사람으로 만든다. 분노는 분별력을 잃게 만든다. 누군가 우리를 해치고 이에 맞서 화를 낸다고 우리가 겪은 피해를 분노가 보상하는가? 분노는 아무것도 할 수 없다. 쓸모가 없다. 분노의 결과는 더 많은 고통을 초래할 뿐이다. 이미 우리는 피해를 입었다. 이에 우리가 택할 수 있는 방법은 견디고 인욕을 명상하는 것이다. 이 방법은 최소한 다음 생에 올 고통을 피할 수 있도록 하니까 훨씬 더 좋다. 화를 낸다는 것은 이미 당한 피해에다 다음 생에 겪을 고통까지 더해지는 것을 의미한다. 분노는 아무 소용이 없는 것이다. 그냥 잊어 버려라.

밀교 논전에서 "미움을 수행에 이용하기"를 말하고 있지만 이 경우에는 '분노'라는 말에 내포된 의미가 다르다. 일반적으로 우리가 내는 화, 분노는 수행에 활용할 수가 없다. 그런 분노는 자비심을 없애고, 마음을 거칠고 사납게 만들 뿐이다. 분노에 휩싸이면 우리에게 물질적으로 선의를 베풀고, 사랑을 베풀고, 친절을 베푼 사람까지 우리는 죽일지도 모른다. 분노로 인해 우리는 친구들을 절망케 하고, 자신의 재능을 파괴하기도 한다. 요컨대 분노는 결코 평화와 행복을 불러올 수 없다. 누구라도 화가 나면 평온할 수 없고, 행복할 수 없다. 분노는 부정적인 결과만 낳는 우리의 적일 뿐이다.

인욕이 가져오는 이익과 분노가 불러오는 불이익을 생각해 보았다면 이제 분노를 일으키는 원인이 무엇인지 파악해야 한다. 분노의 원인을 제거해야 분노를 극복할 수 있다. 분노를 부추기는 것은 우리가 원하는 것을 얻지 못했을 때 느끼는 좌절이나 우리가 원치 않는 상황에 처했을 때 느끼는 좌절이다. 분노는 파괴적인 요소를 동반한 채로 일어난다. 분노를 부추기는 연료는 마음의 괴로움이다. 우리는 괴로움이 분노를 부추기는 것을 막아야 한다. 보통의 적은 우리를 해치기도 하지만 그 외 다른 일도 한다. 잠도 자고, 밥도 먹고, 가족도 돌보고, 친구도 만난다. 일반적인 적은 우리 마음을 혼란스럽게 하고 파괴하기 위해서 쉬지 않고 공격하지는 않는다. 하지만 분노는 우리 마음을 항상 공격한다. 분노가 하는 유일한 일은 우리를 해치는 것이다. 그러므로 우리는 무슨 일이 있어도 마음의 괴로움으로 분노를 부추기지는 말아야 한다. 분노가 절대 일어나지 않도록 막아야 한다.

심란해한다고 소원이 성취되는 것도 아니고 행복과 평화를 불러오는 것도 아니다. 심란함은 불안만 키우고, 지장만 초래한다. 불쾌한 일이 일어날 것 같으면 먼저 해결할 수 있는 일인지를 보라. 해결할 수 있다면 걱정할 필요가 없다. 대신 그 일이 일어나지 않도록 해야 할 일을 하라. 하지만 할 수 있는 일이 없다면 걱정할 필요가 없다. 걱정은 도움이 안 된다. 근심과 걱정은 문제를 해결하지 못한다. 원인과 조건이 만나 이끌어 내는 결과를 우리가 막을 수 없다. 이것이 자연의 법칙이다. 곤란한 상황에서 벗어날 수 없는데 두려워하고, 걱정하고, 근심한다면 상황을 더 악화시킬 뿐이다. 같은 병에 걸린 두 사람이 있다고 하자. 한 사람은 걱정에 휩싸인 반면에 다른 한 사람은 그렇지 않다면 누구의 상황이 더 나빠질지는 매우 명백하다.

티베트 난민들과 다른 나라 난민들을 비교해 보면 티베트 사람들 마음가짐이 일반적으로 용감하다는 것을 알 수 있다. 티베트 사람들은 지나치게 흥분하지도 않고 지나치게 실망하지도 않는다. 극심한 고통을 겪었지만 잘 견디고 있다. 어떤 이들은 견딜 수 없는 고통을 겪었다. 그들은 20년을 감옥에서 보냈는데 그때가 인생에서 제일 좋은 시기였다고 회상하는 이들도 있다. 감옥에서 기도와 명상과 수행을 집중적으로 할 수 있었기 때문이라고 한다. 여기서 마음가짐의 차이를 알 수 있다. 대부분의 사람들은 밤낮으로 심한 고통을 겪으면 견뎌 내지 못할 것이다. 하지만 고통을 마음을 수행하기 좋은 기회라고 여기고, 마음을 바꾸기 위한 계기로 활용한다면 좋은 결과를 얻을 수 있다. 따라서 어떤 일이건 바꿀 수 있거나 해결할 수 있다면 걱정할 필요가 없다. 그리고 해결하거나 바꿀 수 없다면 그 또한 걱정할 필요가 없다. 걱정이 문제를 해결할 수 없기 때문이다.

## 지혜로운 이의 자세

수행자인 우리는 지고한 목적을 추구하는 과정에서 고난을 기꺼이 겪겠다는 마음가짐을 가져야 한다. 사소한 세속적인 문제와 고통스러운 상황에 처하면 괴로워하지 말고 강단 있게 받아들일 수 있어야 한다. 그러면 덜 괴롭다. 다양한 고통을 받아들이는 우리가 마음가짐을 바꾼다면 우리 삶도 바뀔 것이다. 고통을 깊이 살피고 생각하면 실제로 긍정적인 결과를 갖고 온다. 깊이 생각하지 않으면 윤회에서 벗어나겠다는 결단도 내릴 수 없다. 따라서 확고한 의지를 지니고 고통의 본성을 숙고해야 한다. 종교를 가장하여 자신을 속박하고 신체를 훼손하는 사람들이 있다. 그런 무의미한 고난도 마다하지 않는데 해탈과 지속적인 평화와 행복을 얻기 위해서라면 그 어떤 고난인들 마다하겠는가? 왜 우리는 해탈을 얻기 위한 고난을 겁내는가?

어떤 일을 할 때 잘 알면 알수록 수월하다. 이것이 마음의 본성이다. 우리가 관점을 바꿔 고통을 바라본다면 아주 큰 고통도 견딜 수 있다. 익숙해지면 무엇이든 수월해진다. 사소한 피해를 참고 견디는 데 익숙해지면 큰 고통도 잘 참아 낼 것이다. 사람들은 살면서 벌레한테 물려도 참고, 배고 픔과 갈증도 참고, 가시에 찔리고 할퀴어도 참는다. 이런 사소한 고통에 일단 익숙해지면 좀 무심하게 견딘다. 더위와 추위, 비바람, 질병과 상해에 시달릴 때 조바심을 내면 더 힘들 뿐이다. 어떤 사람은 자기 피를 보면서 놀라는 것이 아니라 도리어 용감해진다. 어떤 사람은 자기 피는 말할 것도 없고 남의 피를 보고도 기절한다. 이 차이는 마음이 안정된 정도가 다르기 때문이다. 어떤 사람은 용감하고 어떤 사람은 겁이 많다. 사소한 문제들을 외면하지 않고 직시해서 극복한다면 큰 고통도 굳건하게 대처하고, 충분히 극복할 것이다. 고통스러운 상황에 처했어도 마음을 굳건하게 하는 것이 지혜로운 사람의 자세이다.

번뇌와 전쟁을 한다면 여러 가지 어려움과 문제가 생길 것이다. 의심할 여지가 없다. 자신의 삶이 평온하고 행복하기를 바라면서 전쟁에 나가는 사람은 없다. 전쟁에 나가면 죽을 수도 있고, 크고 작은 고통을 겪을 수밖에 없다. 우리가 번뇌와 전쟁을 할 때 긍정적인 세력은 힘이 매우 약한 반면 번뇌는 힘이 매우 강하다. 이 싸움에서 우리가 고난을 겪으리라는 것은 의심할 여지가 없다. 낙담하지 말고 이 사실을 받아들여야 한다. 마음속에 살고 있는 미움과 같은 진짜 적을 이기려면 고난을 기꺼이 받아들여라. 이 전쟁에서 승리하는 사람이 진정 영웅이다.

우리가 어떤 사람을 적으로 여길 때 그 사람이 독립된 실체를 갖고 있다고 생각하는 경향이 있다. 그리고 적이 끼친 피해에도 독립적인 실체가 있다고 여긴다. 적이 총을 쏴서 우리에게 상처를 입혔다고 하자. 실제로 내 몸을 관통한 것은 총알이지 적이 아니다. 총알이 적에 의해 발사된 것처럼 적 역시 그의 마음속에 살고 있는 번뇌에 조종된 것이다. 그런데도 우리는 사람에게 화를 낸다. 왜 우리는 피해를 준 근본 원인인 번뇌에는 화를 내지 않는가? 실제로 몸을 관통한 총알에는 왜 화를 내지 않는가? 왜 번뇌와 총알 사이에 서 있는 사람만 미워하는가? 그 사람이 총을 쏘았기 때문이라고 대답할지도 모른다. 그렇다면 총을 맞은 자신도 원인 가운데 하나이기 때문에 스스로에게도 화를 내야 한다. 그곳에 없었더라면 적이 나에게 총을 쏠 일도, 내가 총을 맞을 일도 없었을 것이다. 우리가 겪는 고통은 단지 우리를 관통한 총알 탓만은 아니다. 우리 몸에도 책임이 있다. 적은 총을 제공했다면 우리는 몸을 표적으로 제공했다. 어떤 사람이 나를 해친다면 과거에 내가 같은 짓을 해서 피해를 입혔고, 그 인과를 오늘 당하고 있다는 것을 기억하라. 과거에 저지른 악행의 결과가 무르익어 오늘 나타난 것뿐이다. 누군가로부터 피해를 입었다면 그것은 자신이 저지른 잘못의 결과이다. 자신에게도 책임이 있다.

친구든 적이든 부적절한 행위를 하는 것을 보면 그가 여러 원인과 조건 때문에 그렇게 하는 것이라 생각하라. 그러면 불평을 할 필요도 없다. 모든 일이 상호 의존하지 않고 의지만으로 일어난다면 우리 모두는 행복만을 만들어 낼 것이다. 모든 사람은 행복을 바라기 때문이다. 하지만 무지하고 부주의하기 때문에 하면 안 되는 일을 하고, 스스로에게도 해를 입힌다. 극심한 번뇌에 휘말리면 강한 생존본능을 지니고 있음에도 자살까지 한다.

그러니 중생들이 서로를 해치는 것은 놀랄 일도 아니다. 남을 해치는 일이 벌어지는 것을 보면 분노가 아니라 자비를 일으켜야 한다. 자비심을 일으킬 수 없다면 화는 내지 말라. 무슨 소용인가? 설령 사람들을 천성적으로 해로운 존재로 여긴다고 해도 그들에게 화를 내는 것은 아무 의미가 없다. 불의 본성은 태우는 것이다. 화상을 입었다고 불에 화를 내는 것은 의미가 없다. 최선의 방법은 불에 데지 않도록 하는 것이다. 중생은 천성적으로 착하다. 한바탕 화를 내고, 누군가를 미워하는 것은 일시적인 현상이다. 그래서 중생들에게 화를 내는 것은 무의미하다. 하늘에 먹구름이 잔뜩 끼었다고 하늘에 화를 낼 것인가? 하늘에 화낼 이유가 없다. 그런데 왜 사람들에게는 화를 내고 비난을 하는가?

우리의 적은 혼란과 무지로 인해 우리에게 피해를 입힌다. 우리 역시도 혼란으로 인해 화를 낸다. 그렇다면 둘 모두에게 잘못이 있는 것이다. 그런데 어떻게 우리는 옳고 상대는 틀렸다고 말할 수 있겠는가? 오늘 우리가 겪은 피해는 과거에 우리가 저지른 악행이 불러온 결과이다. 피해 입는 것이 싫다면 왜 잘못은 저질렀는가? 모든 것은 자신의 행동에서 비롯되었는데 왜 다른 사람에게 화를 내는가? 우리가 악행을 정화하지 않는 한 부정적인 결과는 반드시 생길 수밖에 없다.

이른바 적이라고 여기는 대상에게 초점을 맞추고 자애와 자비와 인내를 명상하면 과거에 지은 많은 악행을 정화할 수 있다. 적은 우리에게 인욕 수행을 통해 공덕을 쌓을 수 있는 기회를 주지만 그들은 우리를 해친 과보로 악도에 떨어져 오랫동안 고통을 받을 것이다. 우리가 과거에 저지른 악행 때문에 지금 적으로부터 공격을 받고 있다. 그런데 적은 우리에게 해를 입힌 인과로 악행을 쌓고 미래에 고통을 받을 것이다. 이런 맥락에서 보면 적이 악행을 쌓는 것에 책임이 있는 사람은 우리이며, 적을 악도에 떨어지게 한 사람도 우리이다. 이렇게 우리는 다른 중생들을 간접적으로 해치고 있다. 적은 우리에게 인욕을 수행하여 부처의 경지에 이르도록 하는데 우리는 적을 지옥으로 보내는 것으로 대응한다. 적은 우리에게 인내를 발달시킬 기회를 제공하기에 실제로는 우리를 돕는 존재이다. 그러므로 우리가 누군가에게 화를 내고 싶다면 자신에게 화를 내야 한다. 그리고 우리가 누군가를 고마워하고 싶다면 우리의 적을 고마워해야 한다.

## 그 누구도 해칠 수 없는 마음

마음은 물질적인 것이 아니다. 그 누구도 마음을 만질 수 없고, 직접 해칠 수도 없기 때문에 아무도 마음을 파괴할 수 없다. 누군가 우리에게 위협적인 말이나 거친 말, 불쾌한 말을 한다고 해도 그 말이 실제로 해를 입히지는 않는다. 그러니 화를 낼 필요가 없다. 다른 사람이 하는 말에 관심을 두지 말고, 마음을 편안하게, 고요하고도 평화롭게 하는 것이 중요하다. 불만을 가질 이유도, 두려움을 느낄 까닭도 없다. 타인의 음해가 실질적인 재산상 손해로 이어지기 때문에 두렵고, 신경이 쓰인다고 한다면 안타깝지만 나는 재산이나 돈을 포기하라고 답할 것이다. 재물을 얻기 위해 화를 내는 것 정도는 괜찮다고 말한다면 나는 아무리 많은 재산도 죽을 때 가져갈 수 없다는 말을 들려주고 싶다. 죽을 때 재산을 가지고 갈 수 없으나 재물을 얻기 위해 낸 분노의 결과는 다음 생애에 계속해서 받게 될 것이다.

인생은 두 가지 꿈에 비유된다. 하나는 백 년 동안 행복하게 살다 잠에서 깨는 것이고, 또 하나는 단 한순간 행복을 누린 다음에 잠에서 깨는 것이다. 요점은 잠에서 깨면 꿈에서 누린 행복을 다시 즐길 수 없다는 것이다. 장수를 하든지 단명을 하든지 간에 누구나 죽는다. 재산이 많든 적든, 오랫동안 호의호식을 했든 못했든, 죽을 때는 모든 것을 두고 빈손으로 떠난다.

티베트를 강점한 중국 공산당은 불법승 삼보를 모독했다. 불경하게도 그들은 수많은 불탑과 사원을 파괴했다. 이런 상황에서도 우리는 화를 내면 안 된다. 그들이 불상, 경전, 불탑을 훼손했다고 해도 실제의 불법승 삼보에게는 아무런 피해를 끼치지 못한다. 만일 우리의 친구나 친척이 다른 사람들에게 피해를 당했다면 그것은 과거에 그들이 저지른 악행이나 다른 많은 인연들 때문이다. 거기에 분노가 끼어들 여지는 없다. 우리가 살면서 생물체나 비생물체들에게 피해를 입을 때가 있는데 왜 유독 마음을 가진 존재들에게만 기를 쓰고 복수를 하려고 하는가?

사회적인 화합이 되지 않을 때 개개인은 서로 다른 성향, 서로 다른 사고방식, 서로 다른 관점을 갖고 있음을 기억하라. 이것은 자연스러운 일이다. 동요, 혼란, 소란 등이 일어난다면 이는 과거에 우리가 한 행동의 결과라고 여겨 원망하는 마음을 품지 않아야 한다. 대신에 자비심을 키워라. 이와 같이 우리가 선행을 쌓는 일에 집중해야 한다. 예를 들어, 어떤 사람이 화재로 집을 잃고 다른 곳으로 이사를 했다고 하자. 이 경험 때문에 그 사람은 인화성 물질을 모두 없앨 것이다. 마찬가지로 우리가 집착하고 있는 어떤 대상과 관련해 미움의 불길이 일어난다면 우리의 공덕이 모두 타 버릴 수 있다. 집착하는 대상을 없애야 한다.

때로는 평화와 행복을 위해 사소한 즐거움을 희생해야 한다. 예를 들자면 형벌을 받을 때 신체형 보다는 벌금형이 더 나은 이치다. 사소한 고통조차 견디지 못하는 우리가 지옥의 고통을 불러올 분노는 왜 자제하지 못하는가? 욕망을 채우기 위해 수천 년 동안 지옥에서 고통을 겪을지도 모를 위험도 불사한다. 이런 고통은 우리의 목적뿐만 아니라 다른 중생의 목적도 실현하지 못한다. 반면에 인내의 이로움과 분노의 해로움을 우리가 안다면 분노를 없애기 위해 겪는 고난 즈음은 견딜 수 있다. 이런 고난을 참고 견디는 것은 위대한 성취의 근원이 된다. 결국에는 우리는 일시적인 고통과 궁극적인 고통을 모두 없앨 수 있다. 그러므로 무량한 공덕을 쌓고 지속적인 평화와 행복을 얻기 위해 사소한 고난과 고통을 기꺼이 받아들이는 것은 가치 있는 일이다.

## 어떤 이로움도 없는 칭찬과 명성

우리의 미덕을 칭찬하는 말을 듣고 누군가가 기뻐하면 기분이 좋다. 그런데 다른 이가 칭찬 받는 것을 보면 우리는 질투를 느낀다. 이것은 옳지 않다. 만약 질투를 느낀다면 "모든 중생이 행복하기를!" 하는 기도가 무슨 소용이 있는가? 우리의 기도는 희망사항에 그치고 말 것이다. 우리가 진정 모든 중생이 행복하기를 바라고 또 중생의 행복을 기원하며 보리심을 키워 왔다면 어찌 중생이 행복해 하는 것을 보고 언짢아할 수 있단 말인가? 중생이 부처의 경지에 이르기를 원한다면서 어떻게 그들이 재산이나 명예를 좀 얻었다고 괴로워할 수 있는가? 누군가를 책임지고 돌봐야 하는데 알아서 스스로를 건사한다면 기쁘지 않은가? "모든 중생이 행복하고 고통에서 벗어나기를 바랍니다."라고 우리는 기원한다. 중생이 스스로 행복을 찾고 고통을 해결할 수 있다면 이는 즐거운 일이다. 하지만 우리가 중생이 평화와 행복을 성취하는 것을 원하지 않는다면 왜 중생이 깨달음을 성취하는 것을 거론하는가?

남이 잘되는 걸 보면서 속상해 하는 사람들 마음에는 보리심이 없다. 남이 어떤 걸 얻든 말든 그것은 나와는 무관하다. 내 것도 아니고 내가 얻을 것도 아니었는데 왜 배 아파하는가? 왜 화를 내서 자신의 공덕과 명성을 무너뜨리는가? 재산과 존경을 얻게 할 공덕까지 왜 저버리는가? 악행을 쌓으면서 해탈하기 위해 노력하기는 커녕 공덕을 쌓은 인과로 선물을 받는 사람과 경쟁까지 하는 것을 즐긴다. 이것이 과연 옳은 일인가?

우리는 적이 비참한 상황에 처했을 때 왜 기뻐하는가? 적이 불행해지기를 바라는 우리의 소망은 적을 해칠 수 없다. 혹여 우리가 바라는 대로 적이 고통을 받는다한들 왜 우리가 기쁜가? 타인의 불행을 통해 행복을 느낀다고 한다면 이런 부정적인 마음가짐은 우리를 파멸시키는 원인이 될 뿐이다. 번뇌의 갈고리에 걸리면 우리는 큰 고통을 겪을 것이다. 지옥에서 살게 될 것이다. 칭송도 명성도 공덕으로 변하지 않고, 수명 연장에도 도움이 안 된다. 건강에도 도움이 되지 않는다. 무엇이 유익하고 무엇이 무익한지를 우리가 판단할 수 있다면 존경이 어떤 이익을 주는지도 판단할 수 있을 것이다. 여기에 물질적인 이익은 없지만 정신적인 위안이 있다고 할지도 모르겠다. 만약 원하는 것이 정신적인 위안이라면 술에 취해 침대에 누워 있는 것은 어떤가? 원하는 것이 일시적인 위안이라면 마약에 취하는 편이 나을지도 모르겠다.

어리석은 사람들은 명성을 얻기 위해서라면 모든 것을 포기한다. 영웅으로 불리기 위해 전장에서 죽음도 마다하지 않는다. 단지 이름을 위해 생명과 재산을 희생하는 것이 무슨 의미가 있는가? 이름과 명성이 사라지는 것을 걱정하는 사람은 열심히 쌓던 모래성이 무너지면 우는 아이들과 같다. 그러므로 누가 당신을 칭찬할 때 너무 기뻐하지 말라. 이름은 실체가 없고, 명성은 무의미하다. 명성이나 세인의 존경에 마음이 이끌린다면 우리 마음은 선행에서 벗어나 다른 것에 관심을 둘 것이다. 출가자들을 예로 들어 보자. 출가자들은 부처님의 가르침을 배우고 익히는 사람들이다. 그들이 처음에 사원에 올 때는 겸손했다. 교육을 많이 받아 학자가 되기도 하고, 게시geshe(불교 대학 최고 박사) 학위를 받기도 한다. 제자가 생기고, 신도가 생기면서 그들은 변하기 시작한다. 요즘 서양인 제자를 많이 둔 라마들 가운데 일부가 득의양양하게 구는 걸 나는 본다. 사업하는 사람들과 비숫하다. 사업가들은 사업이 잘 될 때 비싼 반지와 시계로 성공을 반증한다. 티베트인 사업가라면 비싼 귀걸이를 할 것이다. 아무리 봐도 귀걸이는 귀를 늘어지게 할 뿐 아무 데도 소용이 없는 물건인데도 말이다.

산중에서 수행하고 명상을 해야 하는 사람들이 이름이 좀 나면 마을로 내려오는 경향이 있다. 처음에는 세상 사람들에게 무상과 고통을 명상하라고 조언할 것이다. 그러나 곧 그들은 무상과 고통의 본질을 잊어버리고 질투와 경쟁심 속에서 허우적거린다. 일반적으로 심약하고 겸손한 사람들은 다른 사람들을 속이지도, 괴롭히지도 않는다. 무엇인가 자랑할 만한 것을 가진 사람들만이 질투와 경쟁심을 일으킨다. 그러므로 타인으로부터 칭찬받는 것과 존경을 받는 것은 매우 위험하다. 칭찬과 존경은 질투와 경쟁심 같은 부정적인 감정들이 일어나도록 부추긴다. 그래서 자신의 단점을 늘 지적하는 사람이야말로 진정한 보호자로 여겨야 한다. 그들은 우리가 악도에 떨어지는 것을 막아 주고 있다.

번뇌와 악행이라는 짐만으로도 버거운데 존경과 명성이라는 짐까지 우리가 더 짊어져야 하겠는가? 존경과 명성이라는 족쇄를 벗겨 주는 사람들에게 화를 낼 것이 아니라 고마워해야 한다. 우리는 고통의 길로 기를 쓰고 들어간다. 그러면 적은 우리가 그토록 집착하는 명성에 손상을 입히는 것으로 우리가 지옥에 떨어지는 것을 막아 준다. 마치 부처님이 우리에게 가피를 베푸는 것처럼. 원인이 없으면 결과가 생길 수 없고, 원인이 있다면 결과가 따르기 마련이다. 여기서 말하는 결과는 인내 수행이고 원인은 다른 사람으로부터 입은 피해이다. 적이 우리에게 입힌 피해로 인해 인내가 생긴다. 그렇다면 적이 입힌 피해가 어떻게 공덕을 쌓는 것에 방해가 된다고 말할 수 있겠는가? 인욕은 오로지 적이 있어야 가능하다. 예를 들어, 걸인은 우리에게 보시할 수 있는 기회를 제공한다. 걸인이 어떻게 보시 수행을 방해한다고 말할 수 있겠는가?

세상에 걸인이 많기에 보시 수행을 어렵지 않게 할 수 있다. 하지만 우리에게 해를 끼치는 사람들과 적은 많지 않다. 우리가 다른 사람들을 해치지 않으면 보통은 그들도 우리를 해치지 않기 때문이다. 그래서 인욕을 수행할 수 있는 기회는 흔치 않다. 적은 우리가 다른 사람을 해치지 않고도 인욕을 수행할 수 있는 기회를 제공한다. 여기서 우리는 적의 가치를 인정하고, 그 기회를 기쁘게 받아들여야 한다. 적은 우리의 인욕 수행을 도와주기 때문에 우리의 보살 수행을 강화시킨다.

## 적과 함께 만든 결실

인용은 보살에게 대단히 중요하다. 적이 있어야만 우리는 인용을 키울 수 있다. 인용 수행은 자신의 노력과 적의 존재가 함께 만들어 낸 결실이다. 따라서 인용의 결실을 먼저 적에게 회향해야 한다, 적이 행복하기를 기원하면서. 이 대목에서 적이 인용 수행을 하도록 했지만 적에게는 그럴 의도가 없었다며 반박할지도 모르겠다. 물론 적에게는 '내가 이 사람에게 인용을 수행할 기회를 주겠다!'는 생각이 있었던 것은 아니다. 그렇다면 우리는 왜 열반에는 경의를 표하는가? 고통이 완전히 소멸된 열반에는 열반을 성취한 사람들을 돕고자 하는 의도나 동기가 없었다. 그런데 왜 우리는 열반을 소중하게 여기는가? 적은 우리를 해치려는 의도를 갖고 있기 때문에 적이 된다. 모든 사람이 의사처럼 우리를 도우려고 한다면 어떻게 우리가 인용을 수행할 수 있겠는가? 우리에게 인용 수행을 하게 만드는 것은 오로지 적뿐이다.

우리는 두 대상을 통해 공덕을 쌓을 수 있다. 바로 중생과 부처이다. 우리는 무수한 중생을 기쁘게 하는 것으로 자신은 물론 타인의 목적을 달성하고 긍정적인 품성을 완성할 수 있다. 중생과 부처님이 똑같이 우리를 부처의 경지에 이르도록 도와주는데 부처님은 그토록 존경하면서 왜 중생들은 무시하고 괴롭힐까? 이유가 뭘까? 우리의 궁극적인 귀의처인 부처님은 무수한 중생에게 무한한 이익을 가져다 주었다. 여러 부처님을 기쁘게 하는 방법은 중생들을 기쁘게 하는 방법이다. 달리 부처님 은혜에 보답할 방법은 없다. 무력한 중생을 돕기 위해서 부처님은 육신까지 포기했고, 끝없는 지옥의 고통 속으로 들어가기도 했다. 부처님과 마찬가지로 보살님도 오직 중생들을 돕기 위해 보리심을 일으켜 수행을 했다. 우리는 중생을 돕는 것으로 여러 보살이 베푼 은혜에 보답할 수 있다. 그러므로 중생이 우리에게 극심한 피해를 입힌다고 해도 항상 긍정적으로 대하고, 미래에 도움이 될 것만 하려고 노력해야 한다.

부처님을 기쁘게 하려면 스스로를 다른 중생의 종으로 여겨야 한다. 중생들이 우리 머리를 짓밟아서 죽인다고 해도 보복하지 말아야 한다. 부처님과 보살님들은 위대한 자비심을 지니고 있기에 중생을 보살피는 것이다. 이는 의심할 여지가 없다. 불보살님은 중생들이 행복하기를 바라면서 억겁 동안 수행을 했다. 우리는 불보살님의 제자인데 왜 중생의 보호자가 되지 못하며, 왜 중생들에게 경의를 표하지 못하는가? 중생을 보호하고, 중생에게 공경하는 것은 부처님과 보살님들을 기쁘게 하는 최고의 수행이다. 동시에 우리 자신의 일시적인 목적과 궁극적인 목적을 실현하는 최고의 수행이다. 이렇게 해서 작은 벌레에 이르기까지 모든 중생이 우리의 친구가 될 것이다. 우리가 어디에 머물든지 우리 주위는 평화롭고 고요할 것이다. 태어날 적마다 평화로운 세계에 태어날 것이다. 그러므로 겸손하고 자만하지 않고 중생들을 돕는 것이 바로 우리의 목적을 실현하는 최고의 방법이다.

보통 우리는 불법승 삼보에 귀의한다. 매우 청정한 마음으로 불상과 보살상 앞에서 경의를 표한다. 그러나 중생들을 바라볼 때는 특히 적으로 여기는 사람들을 바라볼 때는 질투심과 경쟁심을 일으킨다. 여기에 큰 모순이 있다. 우리는 친한 친구로 여기는 사람이나 매우 사랑하는 사람 앞에서는 상대를 기분 나쁘게 하는 행동을 하지 않으려고 노력한다. 예를 들어, 자신은 맵고 자극적인 음식을 좋아하지만 매운 음식을 싫어하는 친구가 있다고 하자. 그를 진정 배려한다면 식사에 초대했을 때 친구 식성에 맞춰 음식을 준비할 것이다. 반대로 고추가 잔뜩 들어간 아주 맵고 자극적인 음식을 준비했다면 그 사람을 진정한 친구로 여기지 않는 것이 분명하다. 이와 같은 맥락에서 보자면 우리는 부처님을 정말로 친한 친구로 여기지 않는 것 같다. 부처님은 오로지 중생들 행복에만 관심이 있다. 그런데 우리는 무슨 짓을 하고 있나? 부처님에게 귀의를 한다고 하면서도 한편으로는 중생들을 완전히 무시한다. 부처님이 공덕을 쌓은 것은 중생들을 돕기 위해서이다. 부처님이 보리심을 일으킨 것도 중생들을 돕기 위해서이다. 부처님이 깨달음을 얻은 것도 중생들을 돕기 위해서이다. 그런데 우리는 부처님이 그토록 위하는 중생들을 완전히 무시하고 있다. 우리는 친한 친구한테 보이는 배려만큼도 부처님에게는 하지 않는다. 참 애석한 일이다.

분노는 우리의 공덕을 파괴하는 힘을 지니고 있다. 그러므로 분노가 일어나지 않도록 노력해야 한다. 우리의 적에게 불만과 적대감을 느끼지 말고, 적을 인욕 수행을 가르치는 소중한 스승으로 여겨라. 보통 우리는 적에게 보복하는 것이 가치 있는 일이라고 생각한다. 법률적인 관점에서 보면 우리는 자신을 방어할 권리를 갖고 있다. 하지만 우리가 진심으로 보리심을 키우기 위해 노력한다면 중생을 돕고 싶다는 강한 긍정적인 마음가짐을 기르기 위해 최선을 다하라. 따라서 우리가 적에게 사랑하는 마음과 측은하게 여기는 마음, 즉 자비심을 지닐 수 있다면 모든 중생에게도 자비심을 일으킬 수 있다.

적을 자비로운 마음으로 대하는 것은 물의 흐름을 막고 있던 큰 바위를 치우는 것과 같다. 큰 바위를 치우면 물이 흐르기 시작한다. 그렇듯이 적을 자비로운 마음으로 대할 수 있다면 모든 중생을 자비로운 마음으로 대할 수 있을 것이다. 그러므로 적을 인욕을 수행하기 위한 최고의 기반으로 여기고 적에게 무한한 자비심을 일으킨다면 수행을 제대로 하고 있는 것이다. 중생들을 기쁘게 한다면 궁극적으로 부처의 경지에 이를 뿐만 아니라 이 생에서도 좋은 평판을 얻고 평화와 행복을 얻을 것이다. 또한 더 많은 친구가 생길 것이고 적은 사라질 것이다. 삶은 편안할 것이다. 우리가 윤회 속에 남아 있는 동안, 수많은 생애에 걸쳐 인욕을 수행한 결과로 아름다운 용모를 지닐 것이다. 병고에 시달리지 않고 장수할 것이며, 큰 평화를 누릴 것이다.

지금 우리는 소중한 인간의 삶을 얻었고, 부처님 가르침을 만났다. 인욕 수행을 통해 얻게 될 이익과 분노로 인해 얻게 될 불이익도 알았다. 지금 우리가 인욕을 수행할 능력을 갖고 있든 아니든, 적어도 여기까지 설명한 내용들이 합리적이라는 것을 이해했다. 그러니 지금 생과 다음 생에서 평화를 보장하는 이 수행을 항상 따르자.

# 자신감을 잃지 말라

수행을 하려면 굳센 결심과 자신감을
지녀야 한다. 자신감이 없으면 아무것도
이루지 못한다. 기대도 하지 말고, 의심도
하지 말고, 수행하라.

6

보리심을 강화하는 중요한 방법은 정진이다. 일상에서도 어떤 것을 성취하려면 인내해야 한다. 마찬가지로 종교적 깨달음을 위한 탐구에도 노력이 필요하다. 게으름을 피우면 깨달음을 얻는 데 큰 진전이 없다. 정진하는 습관을 들이는 것이 중요하다. 티베트에서는 정진을 할 때 흐르는 물처럼 꾸준히 하라고 한다. 정진은 우리가 무엇을 하고 있든 그 일에 관심을 갖는 것을 의미한다. 이런 맥락에서 보면 정진은 불법을 수행하는 것에서 기쁨을 찾는 일이다. 인내한다는 것은 어떨 때는 아주 열심히 하고, 어떨 때는 아주 느슨히 한다는 의미가 아니다. 꾸준히 일관되게 하는 것이 성공의 비결이다.

수행을 하는 데 있어 가장 심각한 장애물은 낙담이다. 낙담은 자존감 상실과 자신감 결여를 의미한다. 이런 부정적인 마음가짐들을 없애려면 자신감과 결단력이 있어야 한다. 자신감과 결단력을 키우는 데 있어 불성佛性을 생각하는 것은 아주 효과적이고도 타당한 방법이다. 모든 중생은 불성, 즉 깨달음의 씨앗을 갖고 있다. 불성을 지니고 있다는 점에서 우리 모두는 동등하다. 우리 안에 잠재한 불성을 일깨우고, 낙담과 패배주의를 몰아내야 한다.

과거 여러 부처님을 생각하는 것도 도움이 된다. 그분들은 깨달음을 그저 얻은 것이 아니다. 그분들도 보통의 중생들처럼 고통과 괴로움에 시달렸다. 여러 생애에 걸쳐 불법을 수행하면서 많이 인내한 후에야 완전한 깨달음의 경지에 도달했다. 우리는 그분들의 삶에서 영감을 얻고, 올바른 수행을 통해 그분들의 발자취를 따라가야 한다. 게으름을 피우거나 좌절하지 않는 것이 중요하다. 또 한편으로는 자신감을 키우고, 우리의 잠재된 능력과 가능성을 믿어야 한다.

그렇다면 정진이란 무엇인가? 정진이란 선행을 기뻐하는 것이다. 우리는 선도 악도 아닌 행동이나 부정적인 행동을 하는 데 힘을 쏟으면 살지도 모른다. 불교적 관점에는 이런 일에 애쓰는 것을 정진으로는 보지 않는다. 정진은 기쁜 마음으로 도덕적인 품성을 발달시키는 것을 뜻한다. 정진에 방해가 되는 것이 게으름이다. 게으름에는 여러 종류가 있는데 미루는 게으름, 무의미한 짓에 집착하는 게으름, 자신의 능력을 확신하지 못하는 데에서 오는 게으름 등이다. 이런 장애를 극복해야 한다.

## 정진에 방해가 되는 게으름

불교의 목적은 마음을 변화시키는 것이다. 마음의 변화는 마치 건물을 짓는 것과 같다. 먼저 터를 고르고 자재를 선택한 다음, 자재들로 건물을 짓기 시작한다. 마찬가지로 우리는 장애 요소를 확인하고 하나씩 제거해야 한다. 도덕적인 품성을 기르는 데 주된 장애 요소는 게으름이다. 게으름은 아무것도 할 수 없음을 뜻한다. 무의미한 짓을 하느라 수행을 하지 않는다면 이 역시 게으름을 피우는 것이다. 수행을 지금 바로 시작하지 않고 내일모레부터 하겠다고 미루는 것 역시도 게으름이다. '나 같은 인간이 어떻게 수행을 제대로 할 수 있겠어?' 하는 생각 역시도 게으름이다.

게으름을 극복하려면 먼저 게으름의 원인을 알아야 한다. 원인을 제거하지 않으면 게으름을 극복할 수 없다. 게으름에는 다양한 원인들이 있는데 빈둥거리며 시간을 보내는 것, 지나치게 편안한 것을 좋아하는 것, 과한 수면, 윤회하는 고통을 뼈저리게 느끼지 못하는 것 등도 포함된다. 이것들은 게으름의 주된 요소들이다. 윤회해야 하는 고통과 단점들을 심각하게 인식한다면 그것들을 없애려는 시도를 적극적으로 할 것이다. 반면에 윤회의 고통을 알지 못하고 지금 상태로도 행복하다고 느낀다면 윤회에서 벗어나려는 노력을 하지 않을 것이다. 인도의 위대한 불교학자이며 수행자였던 아리야데바Āryadeva는 이렇게 말했다. "윤회하는 고통 앞에서 절망하지 않는 사람이 어떻게 열반에 관심을 갖겠는가? 출가가 어렵듯이 윤회계에서 벗어나는 것도 어렵다."

번뇌를 그물에 비유할 수 있다. 번뇌의 그물에 한번 걸리면 번뇌의 손아귀에서 벗어나지 못할 것이고, 죽음의 문앞에 떨어질 것이다. 게으름에 대항하는 방법 가운데 하나는 무상과 죽음의 본성을 생각하는 것이다. 죽음은 자비심이 없다. 죽음은 우리를 하나씩, 서서히, 전부 데려간다. 우리는 매일 어떤 사람이 이러저러한 장소에서 죽었고 또 누구는 이러저러한 길에서 죽었다는 소식을 매일 듣는다. 우리는 누군가의 죽음을 들을 때 대수롭지 않게 받아들이는 편이다. 보통 그 사람이 죽을 때가 되어서 죽은 것이고 우리 차례는 오지 않을 것이라고 생각한다. 바로 옆에 있는 양이 도살장으로 끌려가고 있지만 자신도 곧 같은 처지가 될 것이라는 사실을 모르는 어리석은 양과 같다, 우리는. 그런데도 우리는 죽음을 두려워하지도 않고 그냥 먹고 놀고 쉴 생각만 할 것이다. 언제 죽음이 우리를 찾아올지 아무도 알 수 없다. 어떤 일을 의욕 차게 시작했는데 죽음이 덜컥 찾아올지도 모른다. 죽음은 우리가 이제 막 사업을 시작했는지, 반쯤 마무리했는지 상관하지 않는다. 죽음은 불시에 찾아온다. 언제 죽음이 찾아올지 아무도 모르기 때문에 살아 있는 동안에 공덕을 쌓으려고 노력해야 한다. 죽음이 우리를 덮치면 그 동안의 게으름을 만회할 시간조차 없다. 그때는 아무것도 할 수가 없다. 그러니 미루지 말라. 수행을 내일모레로 미루지 말라. 지금 바로 시작하라.

지금 해야 할 일을 내일로 미루고, 내년으로 미루고, 심지어 해야 할 일의 목록까지 만들어 컴퓨터에 저장해 놓고도 미루고 있는데 어느 날 갑자기 치명적인 병에 걸릴지도 모른다. 병원에 가 진찰을 받아야 할 것이고 먹기 싫은 지독한 약을 먹어야 할 것이다. 수술을 해야 할지도 모른다. 흰 가운을 입은 의사들이 때로는 친절하고 자비롭지만 때로는 우리 몸을 감정 없는 기계를 분해하듯이 수술을 할지도 모른다.

사람들은 보통 건강하고 병이 없을 때는 전생이나 내생 같은 건 믿지 않는다고 큰소리친다. 하지만 죽음이 다가오면 살면서 저지른 악행들이 떠오르면서 후회가 밀려올 것이다. 마음에는 고통과 불만이 가득할 것이다. 지옥의 소리가 가까이에서 들리고, 두려움에 이부자리를 적실지도 모른다. 지인 한 사람이 내게 이런 말을 한 적이 있었다. "심각한 병을 앓고 있을 때 이상한 소리와 목소리들을 들었습니다." 때로 사람들은 통증 때문에 기절한다. 다시 의식이 돌아오기 전에 터널을 지나가는 것 같은 경험을 많이 하는 것 같다. 이른바 임사 체험을 한 것이다. 지독한 악행들을 저지른 사람들은 육체를 구성하는 요소들이 해체될 때 무서운 경험을 많이 한다. 선행을 많이 쌓은 사람들은 죽는 과정에서도 만족과 행복을 느낀다.

지금 우리 티베트인들은 적에게 내몰려 조국을 떠났지만 살아생전, 언젠가는 친척들을 다시 만날 것이라고 기대

하고 있다. 하지만 죽음 앞에서는 친척들은 물론 친구들과
도 영원히 헤어져야 한다. 어디에서나 함께했던 소중한 육
체와도 헤어져야 한다. 숨이 떨어지고 나면 사람들은 우리
의 몸을 무서워하고, 두려워하고, 더러운 것으로 여긴다. 그
래서 위대한 수행자들은 이렇게 말한다. "이 무서운 시신은
항상 나와 함께 했고, 사는 동안에도 우리는 항상 무서운 시
신들과 함께했다." 우리는 인생을 고통의 큰 바다를 건너는
배라고 생각해야 한다. 다음 생에는 이런 배를 얻기가 매우
어렵다. 그러니 소중한 기회를 얻었을 때 게으름을 피우고
잠만 자면 안 된다.

## 지혜로운 무기

부처님의 훌륭한 가르침은 무한한 기쁨과 행복을 가져오는
근원이다. 이 훌륭한 도道를 제쳐 두고 고통으로 이끄는 원
인에 정신이 팔려 있으니 이보다 더 불행한 일이 있겠는가?
자신을 제대로 제어하고, 미루는 버릇을 고치고, 심신을 수
행하기에 적합하도록 만들기 위해 공덕과 지혜를 쌓으려고
노력하라. 이는 전쟁을 준비하는 것과 비슷하다. 우선 잘 싸
울 수 있다는 자신감을 가져야 한다. 모든 고난을 견디고 모
든 방해물을 물리치겠다고 다짐해야 한다. 군대는 전투에
필요한 장비를 제대로 갖춘 용감하고, 강력한 병사가 필요

로 하듯이 우리는 공덕과 지혜를 쌓아야 한다. 전투를 할 때는 적을 표적으로 삼아 무기를 잘 다루어야 한다. 마찬가지로 어떤 수행을 하건 알아차림으로 지혜의 무기를 휘둘러야 한다. 그 결과, 게으름을 이기고, 심신을 잘 통제해서 수행에 적합하도록 길들일 것이다. 우리가 능력이나 지성을 갖추지 못했다거나 가능성이 없다고 생각하는 것은 큰 잘못이다. 일상생활에서도 원하는 것을 할 수 있다는 자신감을 가져야 한다. 서양인들 가운데에는 자존감이 낮은 사람들이 제법 눈에 뜨인다. 티베트 사람들이나 동양의 다른 나라 사람들도 그런지 모르겠지만 낮은 자존감은 심신을 매우 쇠약하게 만든다. 수행에 관심을 두든, 세속 일상에 관심을 두든 우리는 자신감을 가져야 한다.

과거 카담파Kadampa 스승들이 살았던 텅 빈 동굴 안에는 즐길 만한 것이라곤 아무것도 없었다. 그분들은 수행에 전념하겠다고 굳게 결심을 했기 때문에 동굴에서도 행복하게 지낼 수 있었다. 카담파 스승들은 몸, 말, 생각을 모두 수행에 활용했다. 불법 수행에 전념하다 보니 먹을 것이 떨어져 굶어 죽을 수도 있다는 것을 두려워하지 않았다. 걸인 신세가 된다고 해도 불법 수행을 하지 않고 시간을 낭비하기 보다는 차라리 굶어 죽는 것이 더 낫다고 생각했다. 우리는 이런 걱정을 한다. '내가 죽으면 누가 나를 거둘까?', '누가 나를 위해 기도를 할까?' 카담파 수행자들은 이렇게 말했다. "누가 나를 거둘 것인가를 왜 걱정 하나? 나는 짐승이나 새처럼 텅 빈 동굴에서 자연스럽게 죽는 것이 더 좋다." 이런 굳은 결의로 수행에 전념했다. 카담파 스승들은 또 이렇게 말하곤 했다. "나를 떠돌이로 취급한다고 해도 기꺼이 받아들일 것이다. 개들이랑 같이 지내야 한다면 기꺼이 그렇게 할 것이다. 불법 수행을 하면서 개처럼 이리저리 떠돌 것이다." 이렇게 확고한 결심을 한다면 반드시 부처의 경지에 도달할 것이다.

우리가 진정 불법을 수행하려고 한다면 굳센 결심과 자신감을 지녀야 한다. 자신감이 없으면 아무것도 이루지 못할 것이다. 기대도 하지 말고, 의심도 하지 말고, 수행하라. 밀라레파의 전기를 읽어 보라. 밀라레파는 친구와 가족, 재산까지, 모든 것을 포기했다. 널리 회자되는 그의 게송 가운데 이런 내용이 있다. "내가 병든 것을 친척들이 눈치 채지 못하고 내가 죽은 것을 적들이 모른다면 나는 수행자로서 소원을 이룬 것이다." 우리가 한두 사람의 인생을 책임져야 할 때도 마음을 굳게 먹는다. 하물며 모든 중생이 행복해지는 것을 목표로 삼는 보리심을 일으켜야 할 때는 어떻겠는가? 강한 결심이 필요하지 않겠는가!

## 두려움 없는 마음

우리가 모든 중생을 위해 보리심을 기르고 싶지만 그럴 능력이 없다고 말한다면 그것은 모순이다. 두려움 없는 마음, 즉 용기를 일으켜야 한다. 용기를 낸다는 것이 스스로를 자랑스러워해야 한다는 의미는 아니다. 자만심과 자신감은 다르다. 자비심 — 자애(慈心), 측은지심(悲心) — 과 보리심 같은 긍정적인 덕목을 기를 때는 자신감을 가져야 한다. 보리심은 자비의 힘에 의해 움직이며 중생이 행복하기를 바라는 마음에 의해 움직인다. 더 이상 독립된 실체로서 존재하는 '나'가 있다고 여기는 무지한 착각에 얽매이지 않는다. 우리는 자신감과 굳은 결심으로 번뇌와 싸울 수 있다.

티베트 미래에 대해서도 우리는 항시 긍정적으로 생각해야 한다. 자신감을 가져야 한다. 한 가지 이야기를 해 보자. 1979년 즈음에 티베트 본토에 거주하는 사람들이 인도에 망명한 친척들을 방문하는 것이 허용된 시기가 있었다. 그때 여러 사람이 나를 찾아왔다. 그 중에는 라싸에서 나고 자라 1950년대에 민중 봉기를 목격한 사람이 있었다. 그는 이렇게 말했다. "중국인들은 아주 영리하며, 라싸에 상당히 많이 살고 있습니다. 그들은 무기를 많이 소지하고 있어 티베트 사람들이 할 수 있는 것은 아무것도 없습니다." 그는 완전히 낙담하고 있었다. 1950년대 중국 공산당이 침략할

당시 발포하던 총소리가 그의 귓전에서 여전히 맴도는 듯 했다. 도캄Dokham에서 온 노승도 만났다. 그는 도캄에서 있었던 군사 작전을 목격했다. 마을이 전소되고 많은 사람들이 학살을 당했다. 우리는 수가 너무 적고, 그들은 수가 너무 많으니 이런 일들이 앞으로도 생길 수 있다고 내가 말했다. 그리고 물었다. "만일 티베트 사람 한 명과 중국 사람 한 명이 싸운다면 결과가 어떨 것 같은가?" 그는 웃으면서 말했다. "누워서 죽 먹기입니다. 중국 사람을 손아귀에 넣고 가지고 놀 수 있습니다." 이것은 그 노승의 용기였다. 자만심이 아니라 자신감을 갖는 것은 중요하다. 스스로 할 수 있다고 생각하는 것이 참으로 중요하다. 1959년, 중국이 침략을 했을 때 우리 티베트 사람들은 아주 어려운 입장에 처해 있었다. 티베트 인구는 겨우 6백만 명에 불과했다. 상황은 절망스러웠다. 그러나 지금까지 우리는 결코 포기하지 않고 있다. 우리는 독립을 위해 최선을 다하고 있고, 앞으로도 최선을 다할 것이다. 우리는 결코 잊은 적이 없다. 중국 공산당이 티베트를 침공한 지 40년이 지났지만 우리는 결코 포기하지 않을 것이다. 도리어 우리는 힘을 얻고 있다. 우리를 지지하는 사람들이 늘어나고 있다. 머지않아 결실을 맺을 것이다.

어떻게 하면 우리가 자신감을 잃지 않고, 희망을 잃지

않을 수 있을까? 진리만을 말하는 자비로운 부처님은 이렇게 설명했다. "벌이나 파리 같은 미미한 곤충에게도 불성이 있다. 이 열등한 중생들도 노력하면, 이 미미한 중생들도 여러 생에 걸쳐 진화를 하면, 성취하기 어려운 최고의 경지, 즉 부처의 경지에 반드시 이른다." 이것이 부처님의 가르침이다. 밝고 깨끗한 마음을 가진 중생은 모두 성불할 가능성이 있다. 아무리 미미한 존재라 해도, 아무리 큰 고통에 짓눌린다 해도, 모두 부처의 경지에 이를 수 있는 잠재력을 갖고 있다. 그렇다면 인간으로 태어나 무엇이 유익하고 무엇이 해로운지 아는 지금, 보살 수행을 포기하지 않는다면 어찌 부처의 경지에 이르지 못하겠는가!

과거 인도와 티베트의 위대한 수행자들도 우리와 같은 사람들이었다. 그들 역시 불성을 갖고 있고, 인간으로 태어난 덕분에 종교적으로 높은 경지를 성취할 수 있었다. 우리도 불성을 갖고 있고, 소중한 인간으로 태어났는데 성취하지 못할 까닭이 없다. 총카파 스님의 전기를 읽어 보라. 스님이 수승한 수행 경지에 이르기 위해 얼마나 많은 노력을 했는지를 알 수 있다. 총카파 스님이 젊은 시절에 저술한 책을 보면 중관 철학을 완전히 이해하지는 못했다고 서술하고 있다. 이것은 총카파 스님이 젊은 시절부터 전지하거나 완전히 깨달은 것이 아니라는 사실을 말하고 있다. 하지만 총카파 스님은 공덕을 쌓고 지혜를 발달시키는 수행을 동시에 했다. 그 결과, 중년에 저술한 책의 내용은 심오하고 단호하고 확실하다. 이런 이야기는 수행을 하는 데 큰 도움이 되고, 우리도 더 높은 깨달음을 얻을 수 있다는 희망을 품게 한다.

## 세상에서 가장 이타적인 사람

부처님 전생 이야기를 하나 해 보자. 불자들은 창조주를 믿지 않는다는 것을 알아야 한다. 부처의 경지는 어떤 위대한 존재가 주는 것이 아니라 스스로 올바른 수행을 함으로써 성취하는 것이다. 실존 인물인 석가모니 부처님은 단 한 생의 수행으로 깨달음에 이른 것이 아니다. 수많은 전생 동안 도덕적으로 살았고 선행을 많이 했다. 석가모니 부처님의 전생 이야기들은 수행을 하면서 훌륭한 일을 얼마나 많이 했는지를 들려주고 있다. 석가모니 부처님이 어느 생에서는 왕자로 태어난 적이 있었다. 이름은 '우주의 해방자'라는 의미의 비슈반타라Vishvantara였고, 아버지는 상가야Samgaya 왕이었다.

비슈반타라는 평범한 사람이 아니었다. 중생의 고통을 덜어 주겠다고 서원한 보살의 화신이었다. 가난은 고통의 원인 가운데 하나라 그는 주로 보시 수행을 했다. 부친인 상가야 왕은 동정심이 있는데다가 용감하고 지혜로운 사람이었다. 베다Veda철학에도 정통했다. 비슈반타라는 여러 면에서 아버지를 많이 닮았다. 그는 두려움을 몰랐다. 모든 사람들에게 친절하고 매우 자비로웠다. 왕자로서 품위를 지키면서도 소탈하여 누구든 편하게 다가갈 수 있었다.

비슈반타라는 어린 시절부터 종교적인 일에 깊은 관심을 가졌다. 부처님과 보살님들에 대한 믿음이 깊고 컸으며 정기적으로 공양도 올렸다. 훌륭한 스승들을 찾아 배우고 익혔다. 불교의 전통에 따라 처음에는 가르침을 듣고, 그 다음에는 가르침을 논리적으로 철저하게 검토했다. 그러고는 가르침을 숙고하고, 명상을 한 다음에 수행에 옮겼다. 그에게 종교적인 가르침은 단지 무미건조한 철학이 아니었다. 일상생활을 영위하는 지침이었다. 그는 심상속心相續(마음의 연속체)에 남아 있는 선업 덕분에 수행에 진전이 빨랐다. 비슈반타라는 마음을 다스리고 번뇌를 철저히 통제했다. 그래서 마음은 고요하고, 평화롭고, 기쁨으로 가득했다.

비슈반타라는 문법, 의학, 예술, 논리학, 불교 철학을 중점적으로 공부했다. 동시에 왕국을 통치하기 위한 행정과 외교에 대한 교육도 받았다. 꽤나 명망 있는 학자가 되었고, 영리한 학생들을 가르치기도 했다. 모든 사람들이 왕자에게 호의를 보였고, 왕자 역시 백성들을 보살피기 위해 많은 노력을 기울였다. 가난을 몰아내기 위해 노력하는 한편 상업 발전에도 관심을 기울였다. 백성들은 태평성세를 누렸다.

비슈반타라는 왕의 아들이기에 많은 재산을 소유하고 있었고, 권력과 특권을 누렸다. 그렇지만 종교적 성향과 불교에 대한 믿음 때문에 결코 세속적 관심사에 탐닉하지 않았고 권력과 지위를 남용하지도 않았다. 무지한 사람 손에 들어간 재력과 권력이 자신은 물론 타인까지 해치는 것은 상식이다. 지나치게 돈이 많은 사람들 가운데에는 돈으로 자신을 망치는 경우를 심심찮게 보게 된다. 그들은 거만하고 근시안적이고 다른 사람들의 관심사를 존중하지 않는다. 하지만 비슈반타라 왕자는 그렇지 않았다. 왕자는 자신의 감각을 통제하고, 행동을 자제했다. 왕자로서 위엄을 지녔으나 백성들을 친절하게, 진실하게, 자비롭게 대했다.

우리의 동기가 순수하고 대의가 훌륭하다면 재산과 권력을 잘 활용할 수 있다. 재산과 권력은 우리의 목적을 달성하는 데에 도움이 된다. 중요한 것은 마음가짐이다. 비슈반타라는 의식 수준이 높은 사람이고, 윤회하는 삶의 단점을 잘 알기에 윤회에서 벗어나야겠다는 굳은 결심을 했다. 동시에 모든 중생에게 자비심을 지녔다. 큰 자비심은 육바라밀 수행 특히 보시 바라밀의 동기가 되었다. 보살의 자비심은 무조건적이지만 그래도 고통 받고 비참한 중생들을 더 염려한다. 비슈반타라 왕자가 매우 지성적이고 동정심이 많은 사람이긴 하지만 우리 역시도 자신을 좋은 사람으로 바꿀 수 있는 가능성과 조건들을 갖추고 있다는 사실을 잊지 말아야 한다. 이 기회를 놓치면 안 된다.

사실, 비슈반타라 왕자는 높은 이상을 가진 보살이었다. 왕자는 수행과 세속 통치를 동시에 했지만 그가 한 모든 행위는 직간접으로 최대한 많은 중생을 돕기 위한 것이었다. 그의 의도는 순수했다. 이기적인 마음에 물들지 않았다. 친절하고 자비심이 강한 왕자는 가난한 사람들을 위해 베푸는 일에 익숙했다. 많은 재산과 권력을 가졌고, 그것들을 마음대로 행사할 수도 있었다. 그는 인색하지 않았다. 무엇보다 언제 무엇을 베풀어야 하는지를 제대로 알고 있었다. 이 점이 매우 중요하다. 이런 지각이 없으면 좋은 뜻을 갖고 있어도 잘못된 보시를 할 수 있다. 그렇기 때문에 친절을 베풀 때에도 지혜가 필요하다.

단순히 주는 것만으로는 보시바라밀 수행이 되지 않는다. 준수해야 할 기준들이 있다. 도움을 청하는 사람, 보시가 필요한 사람을 결코 얕보면 안 된다. 반대로 도움을 청하는 사람을 만났다는 사실을 기뻐해야 한다. 그 사람을 우리에게 보시할 수 있는 기회를 주는 스승이라고 여겨야 한다. 보시는 상대가 필요한 것을 필요할 때 주어야 한다. 하지만 술, 독약, 무기 같은 것을 주어서는 안 된다. 보시 수행에 필요한 것은 보시 받는 사람에게 적절하게 주는 일에 빈틈이 없는 것이다.

비슈반타라 왕자는 순수하고 건전한 동기를 가진 사람이다. 누구에게나 조건 없이 베풀었다. 한 사람, 한 사람을 공평하게, 차별하지 않고 각자에게 필요한 것을 주었다. 이런 소문이 나라 밖에까지 퍼져 나가자 많은 사람들이 도움을 간청했다. 왕자는 사람들이 겪고 있는 고통과 가난이 안쓰러워 더 열심히 보시를 했다. 구호품을 정기적으로 베풀고, 조직적으로 전달할 수 있는 장소를 만들어 배분이 잘 되는지를 감독했다. 도움을 청했던 사람들도 만족스러워했고, 불평이 없었다. 비슈반타라 왕자는 줄 수 있다는 사실에 큰 기쁨을 느꼈고 그의 결심이 확고할수록 동기는 더 순수해졌다.

보시를 통해 얻을 수 있는 이익을 깊이 생각해 보면 보시와 같은 도덕적인 수행을 해야겠다는 의지를 발달시킬 수 있다. 보시는 궁핍한 사람들에게 필요한 것들을 주고, 가난에서 비롯되는 고통을 덜어 준다. 그들이 만족하는 것을 보면 우리 마음도 저절로 기쁠 것이다. 그 기쁨은 우리 주변을 평온하게 만들고, 자신은 물론 타인까지 행복하게 만들 것이다. 관대한 사람은 사회에서 존경을 받고, 인정을 받는다. 명성은 널리 퍼져 나간다. 장기적으로 보면 보시의 결과로 우리는 다음 생에 부유하게 살 것이다. 관대함은 창조적인 마음을 일으킨다.

비슈반타라는 보시 수행에서 비롯되는 이익을 확신했고, 보시 수행을 향상시키기 위해 열심히 노력했다. 필요하다면 자신의 팔다리나 몸도 줄 수 있다고 생각했다. 이런 생각은 고통 받는 모든 중생에 대한 깊은 사랑(자심慈心)과 측은지심(비심悲心)에서 일어났다. 그의 마음가짐에 감동한 대지가 진동을 했다. 신들의 왕인 인드라가 머무는 궁에서도 느낄 정도였다. 인드라는 진동의 원인이 비슈반타라의 관대한 마음 때문이라는 사실을 알게 되었다.

인드라는 비슈반타라의 동기가 과연 순수한 것인지 시험해 보고 싶어서 늙고 눈먼 브라만으로 변장하고 왕자를 만나러 갔다. 왕자에게 다가가며 이렇게 말했다. "나는 아주 멀리서 많은 위험을 무릅쓰고 여기까지 온 늙고 눈먼 사람입니다. 당신은 두 눈을 가진, 마음이 관대한 왕자입니다. 한 쪽 눈만으로도 세상을 볼 수 있을 테니 나머지 한 쪽 눈은 제게 주십시오." 왕자는 늙고 눈먼 노인의 간청을 진지하게 고민했다. 어느 쪽이 더 이익일지 꼼꼼하게 따져 보았다. 무엇보다 한 쪽 눈만 주는 것이 노인에게 과연 도움이 될지가 염려스러웠다. 그러나 노인은 완강했다. 눈이 먼 것보다 더 고통스러운 일은 없다는 말을 되풀이했다. 왕자는 노인을 도와야겠다고 결심을 했다. 스스로가 약속한, 보시를 할 수 있는 기회라 여겼다. 왕자는 노인에게 눈을 주겠다고 말했다.

왕자의 결심을 들은 신하들은 매우 걱정을 했다. 신하들은 왕자에게 한 쪽 눈만 노인에게 주는 것은 의미가 없으니 마음을 바꾸라고 간청했다. 눈 대신에 큰돈을 노인에게 주자고 신하들은 제안했다. 왕자는 약속을 지키겠다고 결심을 했기 때문에 신하들은 왕자를 설득하는데 실패했다. 왕자는 노인에게 양쪽 눈을 다 주었다. 이는 굳건하고, 친절한 동기에서 비롯된 행위다. 왕자가 노인에게 두 눈을 준 순간, 인드라는 모습을 드러내고 왕자의 이타적인 행동을 칭찬하며 이렇게 말했다. "비슈반타라 왕자가 진실로 순수하고 이타적인 동기에서 두 눈을 주었다면 그는 눈을 되찾을 것이다." 그 말이 끝나자마자 왕자는 눈을 떴다. 이전보다 훨씬 더 선명하게 사물을 볼 수 있다는 것도 알게 되었다. 기쁨에 찬 왕자를 남겨 두고 인드라는 사라졌다. 가르침에 대한 왕자의 믿음은 더 깊어졌다. 신하들은 눈앞에서 일어난 일을 믿을 수 없었지만 왕자가 두 눈을 잃지 않았다는 사실에 매우 기뻐했다.

비슈반타라 왕자는 끊임없이 자선을 베풀었고, 명성은 널리 널리 퍼져 나갔다. 왕자는 코끼리까지 사람들에게 줘 버리곤 했다. 코끼리는 통치권과 권력을 상징하며 왕국의 중요한 자산 가운데 하나다. 그런 코끼리를 어려운 사람들에게 주었다는 소식이 왕궁 안팎으로 급속히 퍼져 나가자 관리들은 물론 일반 백성들까지 분개했다. 사람들은 왕에게 불만을 토로하고, 왕자가 종교에 너무 빠져 있어 왕위를 계승하기에 부적합하다는 주장을 강력하게 했다. 왕은 진퇴양난에 처했다. 왕은 아들을 사랑하고, 아들에게 큰 기대도 걸었지만 고민 끝에 나라와 왕실의 이익이 우선해야 하기에 왕자를 추방하기로 결정했다.

관리들이 왕의 결정을 왕자에게 전했다. 비슈반타라 왕자는 불쾌하게 생각하지 않았다. 사실 왕자는 누구에게도 섭섭해 하지 않았던 것 같다. 기꺼이 아버지의 결정에 따르겠지만 아내와 자녀들은 왕궁에 남겨 두고 혼자 떠나고 싶다고 했다. 하지만 아내인 마드리 공주는 왕자와 함께 가겠다고 우겨 왕자의 가족 모두 왕궁을 떠나게 되었다. 왕궁을 떠나면서 그 왕자는 관리들에게 승가를 존중하고, 필요한 것들을 챙겨 줄 것을 당부했다. 그리고 가난하고 버림 받은 사람들도 계속해서 보살펴 달라고 덧붙였다. 마지막으로 나라와 백성들을 위해 항상 기도하겠다고 약속을 했다.

왕사는 외딴 숲속이 수행을 하는 데에는 적당하다고 생각했다. 가족들과 함께 머물 만한 곳을 찾는 동안에도 사람들은 왕자에게 도움을 청했다. 왕자는 왕궁에 있을 때처럼 여전히 가진 것을 나눠 주었다. 왕자의 가족들이 머물 만한 거처를 찾았을 무렵, 이미 그들 손에는 아무것도 없었다. 마차와 말을 포함해 가진 물건들을 사람들에게 다 줘 버린 후였다. 왕자와 공주는 겨우, 아이들 하나씩 품에 안고 숲속 빈터에 도착했다. 아이들이 아직 어려서 공주의 일상은 더욱더 고달팠다. 비슈반타라는 새로운 생활을 다른 관점으로 보았다. 아무것도 없는 숲속에서 지내는 일상이 명상을 하고, 종교적 통찰을 얻을 수 있는 좋은 기회라고 여겼다. 왕궁에서 살 때는 불가능한 일이었다.

그런 생활이 가족들에게는 힘들었다. 돈이 없어서 아이들은 배를 곯아야 했고, 그런 아이들을 지켜보는 공주는 매우 고통스러웠다. 명상에 몰두하는 왕자를 대신해 공주는 음식을 얻으러 다녀야 했고 이런 상황에서도 비슈반타라 왕자가 잘 베푼다는 소문은 계속해서 퍼져 나갔다. 소문은 급기야 자식이 없는 노부부의 귀에까지 들어갔다. 노부부는 왕자에게 아이들을 달라고 해서 몸종으로 쓰면 좋겠다는 생각을 했다. 그들은 공주가 음식을 얻으러 나가는 시간에 맞춰 왕자에게 접근했다. 아이들을 달라고 했다. 왕자는 곤혹스러웠다. 아이들을 매우 사랑하지만 자신은 지금 보시 수행을 하고 있는 중이다. 노부부가 떼를 쓰자 왕자는 대단히 난처해졌다.

비슈반타라 왕자는 노부부를 실망시키고 싶지 않았지만

자식의 미래를 걱정하지 않을 수 없었다. 그래서 타협을 보려고 노력했다. 노부부에게 아이들을 왕에게 데려 가면 왕이 돈을 내줄 것이라고 했다. 그 돈이면 여생을 편안하게 살 수 있을 것이라고 하자 노부부는 왕이 오히려 자기들을 감옥에 가둘지도 모른다고 했다. 그럴 수도 있겠다는 생각이 든 왕자는 한동안 할 말을 잃었다. 용기를 낸 왕자는 아이들 엄마가 돌아와 아이들에게 작별 인사는 할 수 있도록 하자는 제안을 했지만 노부부는 이 조건조차 받아들이지 않았다. 아이들 엄마인 공주가 있으면 왕자가 보시 수행을 하는 것을 막을 것이고, 자신들은 몸종 두 사람을 얻지 못할 것이라고 우겼다. 마지못한 왕자는 노부부의 소망을 들어주기 위해 사랑스러운 자식들을 내어 주었다. 집에 돌아온 공주는 아이들이 없어진 것을 알고는 기절을 했다. 비슈반타라 왕자도 비탄에 빠졌다.

정신을 차린 후 왕자와 공주는 서로를 위로하고, 왕자는 모든 중생의 이익을 위해 일하겠다는 결심을 새롭게 다졌다. 왕자와 공주가 아무것도 없이 숲에서 숨어 지내면서 자식까지 남을 위해 주었다는 소식이 인드라 귀에까지 들어가게 되었다. 신들의 왕인 인드라는 몹시 놀랐다. 비슈반타라 마음이 얼마나 훌륭한지 다시 한 번 시험하기 위해 왕자로 변장하여 접근했다. 비슈반타라는 낯선 사람도 매우 다정하게 대하며 어떤 도움이 필요한지를 물었다. 왕자로 변장한 인드라는 비슈반타라에게 베풀기를 좋아한다는 소문을 익히 들었다며 이렇게 말한다. "내가 제대로 들었다면, 자식들마저 다른 사람한테 선물로 주었다고요." 변장을 한 인드라가 "당신의 친절함과 보시는 세상이 다 아는 일"이라며 치켜세우자 왕자는 이렇게 말했다. "지금까지 그 누구도 실망시킨 적이 없습니다." 비슈반타라는 낯선 사람에게 필요한 것이 있으면 자신에게 말해 보라고 하자 이렇게 말했다. "나는 의지할 데 없는 외로운 사람입니다. 당신의 아내를 통해 위로를 받고, 삶의 의미를 찾고 싶습니다. 부디 당신의 아내를 제게 주십시오." 비슈반타라는 마음이 매우 복잡했다. 자신의 친절한 마음이 왜 이런 시험에 들어야 하는지 난감했다. 사랑하는 아내는 유일한 희망이자 버팀목이었다. 생존 자체가 위협을 받는 일이다. 공주도 왕자를 사랑하기에 이별은 견딜 수 없는 고통을 의미한다. 비슈반타라는 말문이 막혔다. 두 사람 사이에 긴장감이 감돌았다. 그런 분위기 속에서도 왕자는 자신이 모든 중생을 고통에서 해탈시키기 위해 수행을 하고 있다는 사실을 기억했다. 마드리 공주는 자기를 낯선 사람에게 보내지 말라고 애원했다. 비슈반타라도 이런 이별이 얼마나 힘들지 잘 알고 있다. 그러나 낯선 사람은 "당신이 부인을 나에게 주지 않는다면 보시 수행을 하겠다는 약속을 깨뜨리는 것"이라며 자신의 부탁을 들어줘야 한다고 우겼다. 그리고 "만약 거절을 당한다면 살고자 하는 의지를 잃게 될 것"이라고도 했다. 비슈반타라는 부인인 공주를 위로하려고 애썼다. 중생을 위해 보시하는 것이 장기적으로 어떻게 이로운지를 설명했다. 또 고통 받는 중생을 자신들 눈앞에 두고 실망시키면 안 된다는 말도 했다. 마침내 비슈반타라는 사랑하는 아내를 외롭고 무력한 남자를 위해 떠나보내기로 했다.

비슈반타라의 용기와 선한 마음은 헛되지 않았다. 왕자와 가족들에게 큰 행운과 큰 기쁨이 찾아왔다. 낯선 사람이 마드리 공주의 손을 잡고 걸어가자 남자의 모습은 사라지고 인드라 신이 나타났다. 신들의 왕인 인드라는 비슈반타라 왕자의 선행을 칭찬하며 사자처럼 용감한 남자라고 불렀다. 그는 왕자가 약속한 보시 수행을 얼마나 잘 지키는지 시험하기 위해 왔으며, 왕자의 훌륭한 마음은 세상에 널리 알려질 것이라 했다. 인드라는 왕자와 공주를 거듭 칭찬하며 이제는 왕궁으로 돌아갈 시간이 되었다고 했다. 또 노부부에게 왕사의 자녀들을 궁으로 데려오도록 했다. 아들, 며느리, 손자들이 돌아온 것을 본 왕은 크게 기뻐했다. 왕뿐만 아니라 온 나라가 기뻐했다. 그리고 얼마 후에 비슈반타라 왕자는 왕좌에 올랐다. 왕자는 법왕法王이 되어 나라를 다스렸으며 백성들은 태평성대를 누렸다.

　이런 이야기가 단지 우리 눈과 귀를 즐겁게 하는 선에서 그치면 안 된다. 교훈을 얻고, 영감을 얻을 수 있어야 한다. 티베트 격언에 이런 말이 있다. "고귀한 스승들의 전기는 다음 세대를 위한 정신적 가르침이다." 비슈반타라 보살은 보시 수행을 삶의 주된 주제로 삼았다. 종교 수행을 처음 시작하는 사람들에게는 보시 수행을 추천한다. 보시는 주는 사람과 받는 사람 모두에게 유익하다. 주는 사람은 공덕을 쌓기에 미래에 행복을 누릴 것이고 행운이 따를 것이다. 보시를 받은 사람은 궁핍과 그로 인한 고통이 줄어들 것이다. 보시 수행은 크게 두 가지 방법으로 할 수 있다. 부처님에게 공양을 올리는 방법과 가난한 사람들에게 필요한 물건을 베푸는 방법이 있다. 보시 수행은 친절하고 긍정적인 생각을 바탕으로 베풀려고 하는 의지를 발달시키는 것에서 시작되어야 한다. 무엇이 되었든 우리가 줄 수 있는 것을 주는 것도 중요하지만 비슈반타라 왕자처럼 보시 수행을 하겠다는 의지를 거듭 다짐하는 것 또한 중요하다. 이렇게 우리는 보시를 하겠다는 의지와 각오를 강화해야 한다.

　억겁 동안 우리는 인간이나 짐승으로 태어나 본의 아니게 많은 고통과 고난을 겪었다. 우리가 겪는 고통 가운데 번뇌에서 비롯되지 않은 것은 없다. 윤회를 하는 동안 우리 몸은 도륙을 당하기도 하고, 팔려 가기도 하고, 태워지거나 껍질이 벗겨졌을지도 모른다. 우리가 전에 그런 일을 당했다고 해도 그런 문제들은 일종의 자학이다. 우리의 번뇌가 일으킨 결과이기 때문이다. 그런 고난은 성불은커녕 부와 장수에도 도움이 되지 않는다. 우리는 긴 세월동안 셀 수 없는 고통을 겪어 왔지만 그 고난은 고통을 없애지는 못했다. 그렇기 때문에 번뇌는 일종의 고문이다.

하지만 우리 시선을 부처의 경지에 두고, 마음을 부처의 경지로 향하게 하고, 노력을 한다면 고난과 무관하게 확실한 목표를 가질 것이다. 부처의 경지로 나아가는 과정에서 겪는 고난은 제한되어 있다. 그런 고난은 정신적 성장을 수반한다. 수행을 많이 하면 할수록 더 많은 깨달음을 얻을 것이다. 그 다음에는 마음가짐 덕분에, 어느 정도 수행이 된 덕분에 이른바 고난들도 쉽게 다룰 수 있다. 그러므로 높은 단계의 수행에 이르면 고난이라 여기지 않고도 온 몸을 희생할 수 있는 때가 올 것이다. 수행력을 강화하고, 마음가짐을 강화하는 힘을 통해 우리는 고통을 끝낼 수 있다.

우리가 윤회를 하면시 겪은 고통은 끝이 없다. 배에 총을 맞았다고 상상해 보자. 극심한 통증이 몰려올 것이다. 총알을 제거하고 통증을 없애려면 수술을 받아야 할 것이다. 수술이 또 다른 고통을 주겠지만 총알을 제거하기 위해 기꺼이 수술로 인한 고통을 받아들여야 한다. 요즈음은 장기를 일부를 떼어 내고 다른 장기를 이식하는 수술을 받기도 한다. 때로는 생명을 구하기 위해 신체 일부분을 포기하는 경우도 있다. 우리는 큰 고통을 피하기 위해 작은 통증을 기꺼이 받아들일 자세를 갖추고 있다. 의사나 약, 수술 등이 우리를 불편하게 하지만 질환에서 벗어나기 위해 치료 과정에서 겪는 불편함을 참고 견딜 준비가 되어 있다. 수많은 고통을 극복하려면 우리는 사소한 고난들을 참아야 한다.

석가모니 부처님은 최고의 의사와 같다. 부처님의 목적은 모든 중생을 성불하게 하는 것이다. 부처님은 매우 평탄한 수행법을 가르쳤다. 우리가 그 평탄한 수행법을 따르기만 한다면 무한한 고통을 지닌 스스로를 치유할 수 있다. 부처님은 뛰어난 안내자와 같다. 우리가 높고 험한 산을 오를 때 어떤가? 산꼭대기까지 직선으로 올라가는 길을 만들 수는 없다. 자동차를 타고 억지로 산 정상까지 직선으로 올라갈 수는 없다. 산 정상에 오르려면 구불구불한 산길을 따라가야 한다. 마찬가지로 부처님은 제자들 각각의 능력에 맞춰 상이한 단계의 도道를 가르쳤다. 그 다양한 가르침은 모든 중생을 서서히 성불로 이끈다.

보시 수행도 한 가지 예이다. 부처님은 먼저 음식 같은 것을 나누라고 가르쳤다. 그런 보시 수행에 익숙해지면 자비와 지혜도 단단해질 것이고, 그러면서 살점을 떼어 주고, 신체 일부도 기꺼이 내주는 때도 차차 올 것이다. 자신의 신체를 음식과 다르지 않다고 여기는 때가 올 것이다. 자신의 신체를 음식과 다르지 않다고 여기는 사람에게 신체를 포기하는 일이 어떻게 고난이 될 수 있겠는가? 하지만 마음을 수련하지 않은 채로 신체를 포기한다면 얼마나 어렵겠는가?

가끔 텔레비전에서 동물들을 대상으로 잔인한 실험을 하는 장면을 볼 때가 있다. 과학자들이 아직 살아 있는 동물 뇌를 여는 모습을 본 적도 있다. 나는 차마 볼 수가 없어서 눈을 감아야 했다. 내가 그런 일에 익숙하지 않다는 명백한 표시이기도 하지만 그런 일에 익숙한 사람들에게는 별문제가 되지 않는 장면이기도 하다. 마찬가지로 식당 앞에 있는 닭장 속 닭들이 나는 애처롭지만 요리사들에게는 채소와 크게 다를 바 없다. 우리가 지금 당장 모든 중생을 위해서 기꺼이 지옥에 가야 한다면 끔찍하게 느껴지겠지만 그 생각에 서서히 익숙해지면 쉬워질 것이다.

부정적인 행동을 근절한 보살들은 신체적 고통을 느끼지 못한다. 그리고 수행 방법(방편)과 지혜 수행을 발달시킨 덕분에 불행을 느끼지 않는다. 우리는 '자아'가 있다는 착각 때문에 악행을 저지르고, 그 악행의 결과로 우리 몸과 마음에 피해를 입힌다. 우리는 공덕을 쌓은 결과로 육체적으로 안락을 누릴 것이고, 지혜를 쌓은 결과로 정신적으로 기쁨을 누릴 것이다. 그렇기 때문에 자비로운 사람은 윤회계에 머문다고 해도 결코 낙담하지 않는다. 보살은 마음의 용기, 보리심을 일으키는 용기 덕분에 과거에 저지른 악행을 근절하고 바다 같은 공덕을 쌓을 수 있다. 그러므로 자신의 해탈에만 몰두하는 사람들보다 보살들이 더 훌륭하다고 여겨진다. 그렇기 때문에 우리는 용기를 잃지 말고 보리심이라는 말에 올라타서 평화에서 평화로 나아가야 한다. 우리가 정말로 보리심을 지니고 있다면 어떻게 낙담을 할 수 있겠는가?

## 열망의 힘, 안정의 힘, 기쁨의 힘, 멈춤의 힘

중생의 소망을 실현하기 위해 우리는 열망의 힘, 안정의 힘, 기쁨의 힘, 멈춤의 힘을 쌓아야 한다. 열망은 수행하기를 바라는 소망이고, 안정은 수행을 포기하지 않는 것을 의미한다. 기쁨은 수행하는 것을 즐거워하는 것이다. 멈출 때를 안다는 것은 피곤할 때 쉬어야 한다는 것을 의미한다. 멈춤은 목적을 달성했을 때 하는 것이지 아무것도 달성하지 못했을 때 하는 것이 아니다. 마음이 내키지 않을 때 억지로 수행을 하면 명상하는 장소를 쳐다보는 것조차 싫을지도 모른다. 그러므로 처음에 요령 있게 접근해야 한다. 명상을 시작할 때 항상 마음을 새롭게 하고 명상을 즐기려고 노력하라. 일정

시간 동안 명상을 한 다음 휴식을 취하는 것은 다음 명상을 충실하게 하기 위한 것이다. 기진맥진할 때까지 억지로 명상을 하면 안 된다. 완전히 지치기 전에 휴식을 취해야 한다.

우리 자신과 다른 여러 중생이 저지른 잘못은 헤아릴 수 없이 많다. 이 잘못들을 없애야 한다. 여기서 말하는 잘못이란 번뇌와 해탈을 막는 장애, 깨달음을 막는 장애를 가리킨다. 이 헤아릴 수 없이 많은 잘못 가운데 단 하나를 없애는 데 억겁의 시간이 걸릴지도 모른다. 그런데 지금 우리는 시작도 하지 않았다. 고통으로 가득 찬 이 윤회계에 아직 머물러 있는 것은 애달픈 일이다. 우리와 중생들이 부처가 되려면 수많은 공덕을 쌓아야 하는데, 공덕 하나를 쌓는 데에만 억겁의 시간이 걸릴지도 모른다. 그런데 우리는 어느 하나도 제대로 익히려고 하지 않는다. 이상하게도 우리는 인생을 낭비하고 있다. 부처님에게 공양을 올리지도 않는다. 부처님의 가르침이 번성하도록 하는 일에 기여하지도 않는다. 가난한 사람들의 소망을 충족시켜 주지도 못하고, 두려워하는 사람들의 두려움을 없애 주지도 못한다. 의지할 곳 없는 사람들에게 평화와 행복을 선사하지도 못한다. 우리는 뱃속에 있을 때부터 어머니를 힘들게 했다. 생겨난 순간부터 오로지 고통을 주는 존재였다. 수행에 대한 열망이 없기 때문에 인간으로 태어난 목적을 달성하지도 못했다. 우리에게 지성이 있다면 어떻게 이런 열망을 갖지 않을 수 있단 말인가?

우리는 자신감을 향상시키고 명상을 해야 한다. 어떤 수행이건 시작하기 전에 먼저 그 수행을 잘 살펴보고 시작 여부를 결정하라. 수행을 제대로 할 수 없을 것 같으면 시작하지 않는 것이 더 낫다. 일단 시작했으면 포기하지 말라. 그렇지 않으면 수행을 마무리 짓지 못하는 것이 습관이 될 수도 있기 때문이다. 수행을 중간에 포기하는 습관으로 인해 이번 생에서 뿐만 아니라 다음 생에서도 악행과 고통이 크게 늘어날 것이다. 다른 일도 제대로 완수하지 못할 것이고, 깨달음에 이르는 데에 오랜 시간이 걸릴 것이다. 그러므로 무슨 일을 시작할 때 끝까지 할 수 있는지를 먼저 살펴보아야 한다. 수행을 시작하기로 했으면 완성을 해야 한다.

번뇌 때문에 보통 사람들은 자신의 목적조차 전혀 실현하지 못한다. 그들은 본의 아니게 일종의 자학을 견디고 있다. 어떤 사람들은 적은 돈이나마 벌기 위해서 밤낮을 가리지 않고 일을 해야 하고, 어떤 사람들은 다른 사람과 싸우고, 속여야 한다. 사람들은 이렇게 하찮은 일에 얽매여 휘둘리고 있다. 우리는 모든 중생이 부처의 경지에 이르도록 하겠다는 약속을 했는데 어떻게 편안히 앉아 있을 수 있는가? 우리는 긍정적인 마음가짐에서 비롯된 자신감은 지녀야겠지만 부정적인 마음가짐에서 비롯된 자만심은 지니지 말아야 하며 만용도 부리지 말아야 한다. 자만심과 만용은 없애야 할 번뇌이다. 우리가 낙담을 하고 자신감을 잃어버린다면 번뇌는 우리를 쉽게 침범할 것이다.

우리는 자신을 사자처럼 용맹한 부처님의 제자라고 여기면서 자신감을 가져야 한다. 긍정적인 마음가짐에서 비롯된 자신감은 부정적인 마음가짐에서 비롯된 자만심을 없앤다. 우리가 해야 할 일이라면 무엇이든 할 수 있다는 자신감에는 부정적인 요소가 없다. 우리 마음이 자신감으로 충만하고, 번뇌를 적으로 여긴다면 자만심을 없애기 위해 그 어떤 고난도 감수할 수 있을 것이다. 이런 자신감이라면 부끄러워할 까닭이 없다. 자만심이 아닌 자신감을 갖춘 사람을 우리는 용감한 승리자라고 부른다. 용감한 승리자는 부처의 경지에 이르러 중생의 소망을 실현할 것이다. 우리가 이런 자신감을 가지고 있다면 수많은 번뇌가 우리를 에워싸고 있어도 함부로 해치지 못할 것이다, 마치 여우 떼가 사자를 해치지 못하는 것처럼. 사람들이 어떤 상황에서도 자신의 눈을 보호하는 것처럼 어떤 고난 속에서도 번뇌에 지배당하지 않도록 자신을 잘 지키라. 번뇌라는 적에게 굴복하느니 차라리 불에 타고, 목을 베이고, 죽임을 당하는 것이 더 낫다.

기쁨의 힘을 키워야 한다. 보살의 길을 걷는 사람은 아이들이 즐겁게 놀이를 하듯이 행복하고 기쁘게 수행을 해야 한다. 현실에 안주하지 말고 보살의 생활방식을 따라야 한다. 보통 사람들은 오염된 작은 행복을 얻기 위해 여러 가지 일을 한다. 기대한 결과를 얻을 수 있을지를 확신하지 못하기 때문이다. 원하는 것을 얻을 확률은 반반일지도 모른다. 그런데도 사람들은 매우 열심히 일한다. 하지만 우리가 보살의 생활방식을 따른다면 영원한 평화와 행복을 얻을 확률은 백 퍼센트이다. 보살의 생활방식은 자신과 다른 중생을 기쁘게 하고 도움을 준다.

감각적인 즐거움이나 욕망하는 대상에게서는 지속적인 만족을 얻을 수가 없다. 감각적인 즐거움이나 욕망은 날카로운 칼날에 묻은 꿀과 같다. 칼날에 묻은 꿀은 달콤함을 선사하기도 하지만 자칫 혀가 베일 가능성도 있다. 우리가 해탈이라는 영원한 평화를 위해 움직인다면 큰 공덕을 쌓고 평화를 얻을 것이다. 현실에 안주하지 말고, 해탈의 평화를 가져올 공덕을 쌓기 위해 일하라. 그렇게 하면 노력에 성과가 따를 것이다. 땡볕 아래 있는 코끼리가 호수의 찬물로 기쁘게 뛰어들듯이 보살의 생활방식 속으로 기쁘게 뛰어들라.

# 명상이 주는 선물

마음은 마음에 집중할 것이다.
거기에는 경험하는 마음과 경험되는
마음이 있다. 이것이 마음을 명상의
대상으로 이용하는 방법이다.

7

마음을 통제하는 좋은 방법 가운데 하나는 선정禪定이다. '마음을 하나의 대상에 집중하는 선정(사마타)'을 기반으로 더 큰 번뇌들을 없앨 수 있다. 선정이 그 자체로 중요한 것은 아니지만 수행을 할 때 아주 중요한 역할을 한다. 어떤 명상이든 명상을 제대로 하려면 마음을 하나의 대상에 정확하게 집중해야 한다. 하나의 대상에 집중하는 것이 가능하면 우리 마음은 그 어떤 대상에도 집중할 수 있다. 독립적인 실체가 없다는 공성空性에 대한 특별한 통찰(관觀)과 마음을 고요하게 집중하는 수행(지止)을 결합하면 번뇌를 없앨 수 있다. 이런 특별한 통찰을 함양하기 위해 먼저 선정을 함양해야 한다.

마음을 하나의 대상에 집중하는 선정을 달성하려면 먼저 환경과 여건을 조성해야 한다. 물리적으로는 고립된 곳에 머무는 것이 좋다. 많은 사람들과 어울리면서 수다나 떨고, 남들 험담이나 하는 것은 좋지 않다. 많은 사람들과 어울리지 않아도 되는 장소에 머물러야 한다. 선정을 방해하는 골칫거리 가운데 하나는 소리다. 조용하고 소란스럽지 않은 곳에 머물러야 한다. 가장 중요한 것은 마음이 소란스럽지 않아야 한다. 마음에 분별이 없고 몸을 바르게 한다면 산만하지 않을 것이다. 마음이 산만한 사람은 번뇌 한가운데서 살고 있는 것과 같다. 산만하게 생각이 일어나는 것을 막으려면 집착과 욕망의 단점을 깊이 생각해야 한다.

## 집착 내려놓기

늘 변하는 무상한 존재가 왜 다른 존재에게 집착을 할까? 곧 사형에 처해질 두 사람이 있다고 하자. 그들은 서로에게 집착을 할까? 치명적인 질병을 앓고 있는 두 사람이 있다고 하자. 불치병에 걸린 두 사람이 서로에게 집착하고, 싸우는 것은 터무니없는 짓이다. 그러므로 무상한 존재가 또 다른 무상한 존재에게 집착을 하는 것은 늘 무의미하다. 가족·친구·친척, 누구 하나 영원하지 않다. 그들은 매순간 변한다. 그런 그들에 대한 집착때문에 우리는 변하지 않는 해탈에 이를 수 있는 가능성을 놓치는 것이다. 마음의 불안정한 성질 때문에 중생들이 어느 한순간에 우리의 친구가 되기도 하고, 우리의 적이 되기도 한다. 우리의 집착 때문에 다른 사람들 마음에도 집착이 일어나게 만든다.

강한 애착을 느끼는데 그 애착이 충족되지 않는다면 우리 마음은 즐겁지도 않고, 평온하지도 않을 것이다. 기분 좋은 일이 생긴다고 해도 크게 만족하지 못할 것이다. 우리는 더 많은 갈망과 집착을 일으킬 것이고 결국, 갈망과 집착이 우리를 해칠 것이다. 마음에 갈망과 집착이 있는 한 행복하지 않을 것이다, 기분 좋은 대상을 만나는 순간조차도. 그러므로 처음부터 집착과 갈망을 없애야 한다.

"황금으로 된 산에 누우면 황금이 온 몸에 옮을 것이다."

라는 속담이 있다. 우리가 진흙으로 된 산에 눕는다면 진흙 투성이가 될 것이다. 평소 우리가 유치한 사람들과 어울린 다면 유치하고 건전하지 않은 행동을 할 것이다. 자화자찬 이나 하고 남들 비방이나 하고 아첨이나 하고 산다면 악도惡 道에 떨어질 것이다. 윤회에서 벗어날 수 없을 것이다. 벌들 이 꽃 종류나 색깔에 집착하지 않고 꿀을 모으는 것처럼 수 행에 필요한 것만 취하고 세속적인 일에는 관심을 두지 말 아야 한다.

　마음이 혼란스러운 사람들, 재산과 칭찬에 집착하는 사 람들은 그렇지 않은 사람들보다 수천 배는 더한 고통을 겪 을 것이다. 그래서 지혜로운 사람은 집착하지 않는다, 집착 에서 두려움이 생긴다는 것을 알기에. 조만간 우리는 모든 것을 포기해야 하는 순간을 맞을 것이다, 그토록 집착하던 모든 것을. "그 무엇이든 모였던 것들은 모두 흩어질 것이 고, 높이 오른 것은 떨어진다."라는 말이 있다. 많은 재산과 값진 물건들, 좋은 평판, 명성 같은 것은 죽을 때 가져갈 수 가 없다. 우리를 비판하고 비방하는 사람들도 있는데 왜 칭 찬하는 사람들 말만 듣고 기뻐하는가? 반대로 우리를 칭찬 하는 사람들도 있는데 왜 비방하는 사람들 말만 듣고 속상 해 하는가? 중생들은 각자의 업에 따라, 관심사에 따라, 성 향에 따라 반응하기 때문에 매우 변덕스럽다. 부처님마저도 변덕스러운 중생들을 즐겁게 할 수는 없다.

석가모니 부처님의 훌륭한 품성, 수려한 용모, 지혜로운 가르침에 많은 사람들이 매료되었지만 여전히 부처님을 비방을 하는 사람들도 있었다. 부처님 같은 분을 비방하는 사람도 있는데 우리 같은 보통 사람을 비난한다고 뭐 그리 문제가 되겠는가? 그러니 세속적인 사람들 비위를 맞추기 위해 노력하지 말라. 사람들은 친구가 없으면 "행실이 바르지 못해서 그래."라며 비웃는다. 반대로 찾는 이가 많고, 친구가 많으면 "둘도 없는 아첨쟁이"라며 험담을 늘어놓는다. 세상 사람들은 어떤 상황에서도 말이 많다. 무슨 일을 하든 유치한 사람들과 함께하면 편안하게 지내기가 매우 어렵다.

성숙하지 못한 사람은 원하는 것을 얻지 못하면 불행해한다. 부처님마저도 그런 사람들은 신뢰하기 어렵고, 사귀기 어렵다고 말했다. 우리가 세속적인 사람들과 어울리면 많은 문제와 부딪히기에 부처님은 한적한 곳에 따로 떨어져 사는 것이 좋다고 권고했다. 혼잡한 도시나 복잡한 마을에서 벗어나 한적한 곳에 머물면 이로운 점이 많다. 숲이나 높은 산에는 야생 동물, 아름다운 식물, 꽃들만 있다. 그런 곳에 있는 생물과 무생물들은 우리에게 나쁜 말을 하지 않을 것이다. 인간과는 달리 동식물과 흙과 바위는 우리를 의심하지도 않고, 허황된 기대도 하지 않을 것이다. 피해를 입을 걱정 따위는 하지 않아도 된다. 숲속에서 만나는 그들과는 함께 어울려 살기가 편하다.

## 홀로 수행하는 즐거움

동굴, 빈 사원, 나무 아래에 머물 수 있다면 얼마나 즐겁겠는 가! 번잡한 일상으로 되돌아가지 않고 이런 곳에 머물 수 있다면, 다른 도반들 없이 혼자 빈 동굴에 머물 수 있다면, 집착과 같은 번뇌는 해소될 것이다. 주인이 없고, 넓고 개방된 곳이라면 더 좋을 것이다. 이런 기회를 즐길 수 있다면 얼마나 좋겠는가!

그런 곳에서는 많은 걸 지녀야 할 필요가 없다. 출가를 한 사람이라면 밥을 담을 그릇과 옷을 지을 수 있는 버려진 헝겊만 있으면 된다. 그런 곳에서 살면 가진 것이 없기에 굳이 감출 것도 없다. 가진 것이 많으면 숨길 것도 많다. 사람들은 가진 게 많으면 다른 사람들이 자기 물건을 넘볼까 봐 걱정하고, 경계를 하는 것이 보통이다. 장마철이 되면 썩어 냄새는 나지 않을까, 또 쥐가 뜯어 놓지는 않을까 걱정을 한다. 부자들은 끊임없이 진귀한 물건들을 감춰야 하고, 그것들을 지키느라고 전전긍긍해야 한다.

우리 티베트 사람들이 처음 인도로 망명을 올 때 대부분 꼭 필요한 물건 한두 상자만 가져왔다. 매우 단출했다. 나는 라싸에서 살 때 많은 걸 지니고 있었다. 전대 달라이 라마들의 유품도 많았다. 전대 달라이 라마들이 입었던 옷들이 상하지 않도록 햇볕에 말려야 했고, 유품을 잘 보존하기 위해 해야 하는 일도 많았다. 여러 사원의 계율 담당자들은 승려들에게 많은 것을 갖지 말고, 한 자루의 향처럼 살 수 있어야 한다고 당부한다. 몸에 지닌 것이 전부인 것처럼 살라고 말한다. 이 말은 굳이 갖고 다니는 것도 없고, 숨길 것도 없이 살라는 의미이다.

카담파 스승들은 승려들이 재가자의 삶을 버리고 출가를 했는데도 두 번째 집에 스스로를 가두려 한다고 말하곤 했다. 승려가 된 다음에도 소유물을 모으고, 소유물을 간수하는 일에 관여를 한다는 말이다. 아무것도 갖지 않고 빈 동굴에서 머무는 사람들은 아무것도 감출 것이 없다. 감출 것이 없다면 두려워할 것이 없다. 강도들이 몰려온다는 말을 들은 사람들의 이야기가 있다. 마을 사람들은 가져갈 수 있는 귀중품들은 모두 몸에 지니고, 숨길 수 있는 물건들은 모두 숨기고 도망을 갔다. 그런데 한 사람만은 천하태평이었다. 도망가던 사람들이 왜 도망을 가지 않느냐고 묻자 그가 말했다. "나는 가진 게 없어서 숨길 것도 없고, 도둑맞을 것도 없소."

집착을 버리고 싶으면 죽을 때 아무것도 가져가지 못한

다는 사실을 기억하라. 자식도, 친척도, 친한 친구도, 재산도, 심지어 내 몸하고도 이별을 해야 한다. 태어날 때 우리는 혼자 태어난 것처럼 죽을 때도 혼자 죽는다. 그 누구하고도 죽음의 고통을 나눌 수가 없다. 태어남과 죽음은 우리 삶에서 가장 중요한 일이다. 태어나고 죽을 때에 그 누구도 우리를 도울 수 없고 아무도 우리의 고통을 나눠 가질 수 없다. 먼 길을 가는 여행자들은 숙소에서 하룻밤을 머문 다음 다시 길을 떠나는데, 우리 삶도 여기에 비유할 수 있다. 태초부터 우리는 윤회라는 긴 여행을 하고 있다. 우리의 탄생은 먼 길을 가는 여행자가 하룻밤을 머무는 것과 같다. 우리는 영원히 사는 것이 아니기 때문에 우리 생애는 일시 정지와 같다. 아침이 되면 나그네는 길을 떠나듯이 우리도 죽을 것이고, 애통하고 슬퍼하는 가족과 친지, 친척들에게 둘러싸인 채 우리의 시신은 옮겨질 것이다. 살아 있는 동안 선행을 베풀지 못하고 악행을 저지른 것을 이때 후회한다면 너무 늦다. 그러므로 때늦은 후회를 하기 전에 한적한 곳에서 수행을 하라. 과거 위대한 수행자와 큰 깨달음을 얻은 사람들은 한적하고 조용한 곳에 머물렀다고 한다. 사람이 많고 복잡한 마을에서 위대한 깨달음을 얻었다는 사람들 이야기는 많지 않다.

한적하고 조용한 곳에서 명상을 하면 어떤 이익이 있을

까? 이른바 가족, 친구, 친지들이 가까이에 있지 않을 것이다. 그들이 주변에 있으면 우리가 수행을 하고 싶거나 혼자 고요하게 있고 싶어도 내버려 두지 않을 것이다. 그리고 사람들과 함께 지내다 보면 미워하는 사람이나 싫어하는 사람들처럼 보는 것만으로도 괴로운 사람들이 있을지도 모른다. 숲속이나 한적한 곳에 머문다면 친한 사람들이 수행을 방해하는 일도, 싫은 사람을 만나 괴로운 일도 없을 것이다. 외딴 곳에서 혼자 산다면 이미 죽은 사람으로 여겨져 혼자 눈을 감는다고 해도 애통해 하는 사람이 없을지도 모른다. 도반인 새와 짐승들은 슬퍼하지도 않을 것이며, 해치지도 않을 것이다. 한적한 곳에 혼자 조용히 명상을 하면서 부처님의 공덕을 찬탄하고, 만물에는 독립된 실체가 없다는 공성을 체득하는 수행을 하고, 지혜를 얻기 위해 수행을 할 것이다. 방해할 사람은 아무도 없다.

분노와 집착이 마음에서 일어날 때 욕구대로 일이 풀린다면 일시적으로 안도감과 만족감을 느낄 것이다. 하지만 집착을 하지 않는다면 지속적인 만족과 행복을 누릴 것이다. 번뇌와 논쟁이 없는 평화로운 숲속에서 머물 수 있다면 행운이다. 전단나무 숲이나 달빛이 우리 마음을 진정시켜 줄 것이다. 고요해질 것이다. 평화로운 숲속에서, 돌로 만든 기분 좋은 집에서 방해받지 않고 명상을 할 수 있다. 그런 곳에서 모든 중생을 도울 수 있는 방법을 깊이 생각할 수 있다. 머무는 곳이 지겨워지면 망설이지 않고 숲속 어디든 주저 없이 떠나도 된다.

번뇌와 논쟁이 없는 평화로운 숲에서 살 수 있다는 것은 참으로 좋은 일이다. 아무에게도 의지하지 않아도 되니 참으로 자유로울 것이다. 집착마저 사라질 것이다. 이 치는 나의 적, 이 분은 나의 스승, 이 사람은 내 친구라고 하면서 차별을 할 필요도 없다. 무엇이든 얻는 것에 감사하며 충만함이 가득한 삶을 살 것이다. 신들의 왕조차도 그런 삶을 살지는 못할 것이다. 한적한 곳에서 홀로 사는 삶이 얼마나 값진 일인지를 생각하면서 산만한 분별들을 버리고 보리심을 명상해야 한다.

그러므로 한적한 곳, 숲속, 굳이 고생을 하지 않아도 되는 곳, 평화롭고 평안한 곳, 방해를 받지 않는 곳에 홀로 머물러야 한다. 친구들을 그리워하는 생각도, 적들을 해칠 생각도 버려야 한다. 모든 중생을 돕기 위해 부처의 경지에 이르겠다는 생각만 해야 한다. 사마디samadhi(고도의 정신 집중 상태)에 들어가 지혜를 키워 마음을 바꾸고, 부처의 경지에 이르겠다는 동기에만 마음을 집중해야 한다.

## 몸에 대한 욕망 내려놓기

욕망은 현생에도 내생에도 마음을 산만하게 한다. 우리가 그 어떤 대상을 원하든, 명성이나 명예를 원하든, 욕망은 생명을 잃게 하는 원인이 된다. 욕망이 이 세상에서는 우리를 감옥에 가두고, 다음 생에서는 지옥에 떨어지는 결과를 초래할 것이다. 인간의 강력한 욕망 가운데 하나가 성욕이다. 성교를 하는 두 사람은 서로 살갗이 있는 해골을 껴안고 있는 셈이다. 그 외, 다른 본질은 없다. 상대의 외모에서 느끼는 아름다움은 그 자체가 독립적으로 존재하는 것이 아니며 그 사람이 처음부터 그 아름다움을 갖고 있던 것도 아니다. 우리는 가만히 있는 해골을 보고도 무서워한다. 그런데 그 해골이 살아서 움직이고 있을 때는 왜 무서워하지 않는가? 해골에 대한 집착을 버리고 열반이 선사하는 지속적인 평화에는 왜 관심을 기울이지 못하는가?

우리가 다른 이의 몸을 더러운 것으로 인식하지 못하는 것은 놀랄 일이 아니지만 자신의 몸을 더러운 것으로 인식하지 못하는 것은 놀라운 일이다. 우리 몸은 여러 가지 불쾌한 분비물을 가지고 있다. 이런 사람의 몸을 햇빛이 구름을 벗어날 때 꽃잎을 펼치는 아름답고 깨끗한 연꽃보다 더 좋아하는 이유가 무엇일까? 똥오줌이 우리 몸에 묻으면 움찔한다. 그런데 왜 그 배설물을 만들어 내는 몸에 닿는 것은 좋아할까? 우리 배설물 속에서 자라는 기생충과 구더기는 싫어하면서 왜 본질적으로 깨끗하지 않은 우리 몸에는 집착을 하는 것일까?

우리는 자신의 몸을 더러운 것으로 여기지 않을뿐더러 남의 더러운 몸까지 탐한다. 상대적으로 깨끗한 과일, 채소, 약초 같은 것도 우리 입속으로 들어가는 순간 더러운 것으로 변한다. 입에 든 음식을 뱉는 순간 땅이 더러워진다. 이것은 우리 몸이 얼마나 더러운지를 이해할 수 있는 좋은 지표가 된다. 우리 몸이 더럽다는 것이 아직도 이해가 안 된다면 숨이 끊어진 시신을 보라. 시신의 살갗을 만지는 것이 두렵다면 다른 사람의 몸을 만지고 싶다는 욕망은 어떻게 여전할 수 있을까?

우리 몸은 가꾸지 않고 자연 상태로 내버려두면 흉측할 것이다. 손톱이나 머리카락은 끔찍하게 자랄 것이다. 그래서 군인이 무기를 닦듯이 우리 몸을 가꾸기 위해 특별한 노력을 기울여야 한다. 인간은 본래부터 아름다운 존재가 아니다. 추한 존재이다. 추한 존재이기에 몸매도 가꾸고, 치장도 하고, 화장도 한다. 예쁘다고 칭송 받는 외모를 만들기 위해 기를 쓴다. 외모에 집착해서 어리석은 짓을 하기도 한다.

## 세속적 욕망 내려놓기

야심에 불타는 사람들을 보면 하루 종일 지나치게 일을 많이 한다. 일과를 마치고 귀가하면 기진맥진해서 잠에 곯아떨어진다. 이렇게 하는 까닭은 일을 통해 버는 돈에 대한 집착 때문이다. 어떤 이들은 결혼을 하고도 돈을 벌기 위해 서로 떨어져 살기도 한다. 부부가 따로 떨어져 사는 것은 고통스러운 일이다. 물론 전화로, 편지로, 서로 연락을 하며 지낼 수는 있다. 처음에는 잘 살아보겠다고 선택한 일이지만 서로 오랫동안 떨어져 지내다 보면 돈의 노예가 된 것 같다는 느낌이 들지도 모른다. 돈을 벌기 위해 가족이 떨어져 지내는 것이 괜찮다고 여기는 이들도 있겠으나 그들의 배우자나 자녀들은 떨어져 지내는 것을 바라지 않을 수도 있다. 혼자 살다 보면 가족의 따뜻함이 그리워질지도 모른다. 가족들과 떨어져 지내기 때문에 이웃들과 허물없이 어울리는 것이 어려울 수도 있다. 가족이 오래 떨어져 지내다 보면 가정이 해체되는 경우도 있다. 가정이 와해되는 요인 가운데에는 성욕과 관련된 부분도 있다. 세속에서 산다는 것은 부유하건 가난하건 간에 힘든 일이다.

요즈음엔 자식이 없어서 고통을 받는 사람들도 꽤 있다. 자식을 갖기 바라며 의사와 종교 지도자를 찾기도 한다. 아이를 갖기 위해 기도도 하고, 특별한 치료를 받기도 한다. 이와는 반대의 경우도 있다. 임신을 했다는 사실 자체가 고통인 사람들이 있다. 심지어 그들은 임신중절까지 생각한다. 자식을 간절하게 기다리던 부모들은 새 생명이 태어난 것을 귀한 보물을 얻은 듯이 여긴다. 그러나 아이가 자라면서 부모에게 반항을 하기 시작하면 보물이 아니라 근심 덩어리로 다가올 것이다. 아이를 키우는 동안 교육 문제도 심각하게 고민해야 한다. 부모가 선택한 학교에 아이들을 보낼 수 없는 경우도 있고, 애써서 원하는 학교에 입학을 시켰으나 아이가 학교생활을 제대로 못할 수도 있다. 혹은 학교를 졸업하긴 했지만 원하는 직업을 구하지 못할 수도 있다. 좋은 직장을 구했다고 해도 결혼 문제로 고민을 할지도 모른다. 이렇게 우리 인생은 흘러간다. 세상의 부모들은 자식을 지나치게 보살핀다. 자식들을 먹이고 입히고 공부를 가르치고 나면 이미 부모는 늙어서 지팡이에 의지해야 하는 상황에 처한다. 눈이 침침해지고 힘이 부치면 자식에게 의지해야 한다. 그런데 자식이 늙은 부모를 외면하면 그때 할 수 있는 것이라곤 '이런 자식은 안 낳는 게 나을 뻔했다.'는 한탄밖에 없다. 석가모니 부처님은 부유하든 가난하든 세속에서 재가자의 삶을 산다는 것은 병을 앓는 것과 같다고 했다.

출가자들이 재가자의 삶을 떠나는 것은 이런 생각을 갖고 있기 때문이다. 세속의 삶을 포기하는 목적은 분명하다.

사업을 하기 위해서도, 새로운 일을 하기 위해서도 아니며 사람들을 기만하기 위해 세속의 삶을 떠나는 것은 더더욱 아니다. 유일한 목적은 진지한 수행을 하는 것이다. 의식주를 걱정하지 않고 열심히 명상 수행을 하고 있다면 정말 멋진 출가자의 삶을 살고 있는 것이다. 신경 써야 할 사람이 없으니 아침에 일찍 일어나도 되고 더 자고 싶으면 더 자도 된다. 표면적으로 보면 세속의 형식적이고 무의미한 일에 얽힐 필요도 없다. 더 넓은 관점에서는 부처의 경지를 성취하는 일에만 전념할 수 있다. 단기적으로는 수행을 진지하게 한다면 만족스러운 삶을 살 수 있다. 다음과 같은 게송이 있다. "당신이 진지하게 수행한다면, 재가자의 삶을 살더라도 열반에 이를 것이다. 하지만 수행을 하지 않는다면 산중에 산다고 해도 아무것도 이루지 못할 것이다."

## 재물에 대한 집착 내려놓기

재산과 물건에 대한 집착은 고난의 근원이다. 돈이 없으면 아무것도 할 수 없다. 그래서 돈을 많이 버는 일을 찾아야 한다. 하지만 학벌이 좋아야 돈을 많이 벌 수 있다. 그래서 어떤 이들은 좋은 교육을 받으려고 애쓰는 반면에 어떤 이들은 위조 증명서를 만든다. 간단한 사업이라도 하려면 처음에 자본금이 필요하다. 인도에 망명한 많은 티베트 난민들은 길에서 스웨터나 양말 같은 것을 떠서 판다. 매우 힘든 일이다. 그 사람들 가운데 수행을 하기 위해 그런 고난을 견디는 사람들은 많지 않다. 기도도 열심히 하고, 의식에도 열심히 참여하지만 라마들에게 이렇게 말하는 이는 많지 않다. "제가 곧 열반과 깨달음을 얻을 수 있도록 기도해 주십시오." 대부분 이렇게 말한다. "제가 하는 사업이 잘 되도록 기도해 주십시오." 돈을 좀 벌고 나면 그 다음에는 돈을 어떻게 보관해야 할지, 어느 은행에 맡겨야 할지로 고민한다. 요즈음은 은행들이 너무 많아서 이자를 많이 주는 은행을 골라야 한다. 은행을 찾느라 고민하는 사이에 번 돈을 잃어버리거나 도둑맞을지도 모른다.

돈을 현명하게 쓰는 방법도 있다. 나에게 칼라차크라 Kalachakra('영원한 시간의 수레바퀴'라는 뜻으로 모든 장애를 초월하는 힘이 주어지는, 스승과 제자 사이에 법을 주고받는, 불교 의식)를 거행해 달라던 티베트 사람이 있었다. 법회에 필요한 경비를 본인이 후원하겠다고 했다. 내가 티베트 아이들을 교육하는 데 후원자가 필요하다고 하자 그 사람은 마음을 바꿨나. 길라치그라 법회를 열기 위해 모아 둔 돈을 티베트 어린이들을 가르치는 데 쓰겠다고 했다. 참으로 모범적이고 훌륭한 일이다. 그 사람은 고생해서 번 돈을 유익하고 의미 있게 베풀었다. 어떤 사람들은 죽은 이를 위해 매주 재를 올리고 뿐만 아니라 큰 축하 연회도 베푼다고 한다. 매우 어리석은 일이다. 다른 사람의 죽음을 어떻게 축하할 수 있는가? 돈을 모아 경제적으로 윤택해졌다면 그저 낭비할 것이 아니라 긍정적으로 써야 한다. 교육이나 건강을 도모하는 데 돈을 쓸 수 있어야 한다. 인간의 몸을 받기란 참 어렵다. 훌륭한 일을 할 수 있는 드문 기회이다. 이 귀한 시간을 짐승들도 할 수 있는 하찮은 일이나 하면서 낭비한다면 어찌 부끄럽지 않겠는가. 우리 인간의 삶은 훌륭한 성취, 즉 불성을 성취할 수 있는 기반을 제공한다. 고작 육신을 지탱하는 일, 목숨을 연명하는 것에 귀한 인생을 써 버리는 것은 참으로 불행한 일이다.

가려움을 못 참고 긁으면 시원하다. 이 시원함을 즐기기보다는 애당초 가려움이 생기지 않도록 하는 것이 더 나을 것이다. 긁는 재미를 느끼자고 가려움으로 고생하고 싶은 사람은 없을 것이다. 마찬가지로 어떤 것을 갖고 싶을 때 그것을 얻으면 일시적으로 즐겁겠지만 애당초 욕망이나 집착을 하지 않는 것이 더 나을 것이다.

## 집중을 방해하는 두 가지

어떤 대상에 마음을 집중하려고 애쓰면 도리어 산만해지는 경향이 있다. 마음을 한 대상에 집중하기 못하는 이유는 두

가지다. 도거掉擧과 방일放逸 때문이다. 처음에는 도거가 마음을 하나의 대상에 집중하는 것을 심하게 방해한다. 도거는 산만함이자 일종의 집착이다. 마음은 외부 대상 때문에 산란할 수도 있고, 미세한 분별 망상 때문에 산만할 수도 있다. 이것을 멈추어야 한다. 마음을 산만하게 하는 요인들 가운데 하나는 긴장이다. 마음을 너무 긴장하면 들뜨게 된다. 어떤 일이든 지나치게 긴장하면 문제가 생기는 것처럼 마음 역시도 지나치게 긴장하면 들뜨는 문제가 생기는 것이다. 이럴 때는 마음을 가라앉히는 것이 필요하다. 들뜬 마음을 가라앉히려면 번뇌의 단점, 무상한 본성, 윤회하는 고통을 깊이 생각하라. 이런 주제로 깊이 생각하면 들뜬 마음을 가라앉히게 되고, 긴장을 완화하는 효과도 있다.

반면에 마음이 너무 느슨해지면 분석하는 힘이 약해진다. 그러면 마음은 명료함과 분별력을 잃는다. 이것이 방일이다. 방일이란 마음이 한 대상에 머물지 못하고 대상에 명료하게 집중하지 못하는 것을 말한다. 명료함을 잃으면 마음을 한 대상에 집중한다고 해도 그것을 명확하게 지각할 수가 없다. 이런 상황에 처하면 보리심을 지니는 이로움, 마음에 잠재해 있는 불성, 운이 좋아 자유로운 인간의 몸을 받았다는 사실을 깊이 생각해야 한다. 이와 같이 한다면 마음은 생생하고 명료해진다.

## 명상의 대상

이제 명상의 대상을 살펴보자. 돌, 꽃뿐만 아니라 그 무엇이든 명상의 대상이 될 수 있다. 꽃을 명상의 대상으로 삼았다면 꽃을 분명하게 살펴야 한다. 색깔과 모습을 관찰하라. 그러면 마음으로 꽃을 그릴 수 있을 것이다. 꽃이 눈앞에 있든 없든 마음속에 있는 꽃에 집중하려고 노력해야 한다. 다양한 대상 가운데 부처님의 모습을 명상 대상으로 삼으면 도움이 될 뿐만 아니라 큰 공덕을 쌓을 수 있다. 부처님 모습을 관상할 때 거리는 1-2미터 정도 떨어지고, 높이는 이마 정도 되는 곳에 부처님의 이미지를 그린다. 밝게 빛나지만 약간 무게가 있다고 상상하면 마음이 들뜨는 것(도거)을 방지할 수 있다. 밝게 빛난다고 상상하면 마음이 느슨해지는 것(방일)을 막을 수 있다. 이것이 경전에서 설명하고 있는 명상법이다.

## 밀교 명상과 통렌 명상

혹시 밀교 관정灌頂을 받았다면 밀교에서 설명하는 대로 명상을 하면 된다. 자신의 몸을 본존인 부처 또는 보살의 몸이 되었다고 관상하고 이것을 명상해야 한다. 최상 요가 밀교(Highest Yoga Tantra) 수행을 할 때는 단순히 몸에 마음을 집중하는 것이 아니라 몸속의 특정한 지점에 집중한다. 몸속에 있는 기맥氣脈들을 관상하면서 그 기맥을 통해 흐르는 기에 집중한다. 또는 기맥 안에서 명점明點(티베트어로는 틱레thigle라고 한다. 우리 몸에는 백명점과 적명점이 있다. 백명점과 적명점은 각각 정자와 난자의 정수이다. 명점이 녹아서 중맥으로 흘러 들어갈 때 희열을 경험한다.)에 주의를 집중한다. 또 다른 방법은 명료하게 빛나는 마음의 본성을 명상하는 것이다. 먼저 과거에 일어났던 일, 과거의 모든 경험에 관한 생각을 멈춰야 한다. 동시에 계획이나 미래에 대한 걱정이나 염려도 멈춰야 한다. 개념적인 사고들이 일어나는 것을 막고 나면 마음이 자유로워서 마음의 빛나는 본성을 확인할 수 있다. 이것이 가능하면 마음을 본성에 머무르게 해야 한다. 마음은 마음에 집중할 것이다. 거기에는 경험하는 마음과 경험되는 마음이 있다. 이것이 마음을 명상의 대상으로 이용하는 방법이다.

자신의 행복을 다른 중생의 고통과 바꾸는 명상을 통해 보리심을 발달시키는 과정도 있다. 통렌이라 불리는 이 명상은 자신과 다른 중생들이 똑같은 본성을 가졌다고 생각해야 한다. 이 방법은 매우 강력하다. 이 수행은 이성과 논리에 의거해 설명되기도 하지만 일상적인 관점에서도 이해될 수도 있다.

처음에는 자신과 모든 중생이 동등하다는 것을 명상해야 한다. 모든 중생이 자신처럼 행복을 원하고 고통을 원치 않는다는 것을 이해해야 한다. 모든 중생은 행복을 원하고 고통을 원치 않을 뿐만 아니라 행복을 구하고 고통을 없앨 권리도 갖고 있다. 그러므로 편견을 갖지 말고, 집착하지 말고, 화내지 말고, 기꺼이 모든 중생을 돕겠다는 마음을 길러야 한다. 모든 중생도 우리처럼 행복을 찾고 고통을 없앨 수 있는 가능성을 갖고 있다. 그런 면에서 중생과 우리 자신은 동등하다는 것이다. 간단히 살펴봐도 쉽게 이해할 수 있다. 아주 작은 벌레도 우리와 마찬가지로 행복을 원하고 고통을 원치 않는다. 이 점에서 비슷하다. 작은 벌레가 우리를 향해 오고 있는데 잡으려고 하면 벌레는 스스로를 보호하기 위해 혼신을 다해 뒷걸음질을 할 것이다. 그리고 숨죽이고 있을 것이다. 작고 연약한 벌레도 자신의 고통을 없애고 행복을 얻기 위해 최선을 다한다. 무력하고 연약한 벌레들을 보면 나는 슬퍼하지 않을 수가 없다.

신들조차 행복을 원하고 고통을 원치 않는다. 이 점에서 우리와 같다. 귀신계에 사는 중생들도 마찬가지다. 우리는 불행한 일이 일어나면 종종 사악한 귀신들이 저지른 짓이라고 여긴다. 하지만 이런 식으로 귀신을 비난하지 말아야 한다. 귀신들 역시도 행복을 원하고 고통을 원치 않는다는 점에서는 우리와 똑같다. 이 점을 숙고해야 한다. 모든 중생을 똑같은 본성을 지니고 있는 존재로 여길 수 있다면 귀신들을 진정시키기 위해 큰스님들을 불러 의식을 할 필요도 없을 것이다. 돈과 자원을 낭비할 필요가 없다.

다람살라에 있는 내 거처 주변에 강력하고도 사악한 귀신이 산다는 이야기를 들은 적이 있는데 사람들이 나한테 그 귀신을 쫓아 달라고 했다. 나는 마치 사악한 귀신을 물리치는 방법을 알고나 있는 것처럼 그 부탁을 덜컥 받아들였다. 달리 방법이 없었기 때문이다. 나는 그곳에 가서 자비심 — 자애(자심慈心)와 측은지심(비심悲心) — 을 명상하고, 모든 중생이 행복을 원하고 고통을 원치 않는다는 점에서 똑같은 본성을 갖고 있다는 사실을 진지하게 숙고했다. 나는 그곳에 있는 이른바 사악한 귀신도 다른 중생들과 똑같은 본성을 갖고 있다는 것을 생각했다. 그 다음에 사악한 귀신이 사라졌는지 더 이상 말썽을 피우지 않는다는 말을 전해 들었다. 우연의 일치일 수도 있고, 어쩌면 내 명상이 어느 정도 효과가 있었는지도 모를 일이다. 거의 모든 경우, 자비를 진지하게 명상하는 것은 그런 존재들에게 실제로 도움이 된다. 분명한 사실이다. 이른바 사악한 귀신의 상황과 피해자의 상황을 비교해 보자. 누가 더 궁색하겠는가? 귀신이 더 궁색하다. 우리에게는 적어도 수행을 할 수 있는 기회라도 있지 않은가. 그러니까 우리가 자비를 더욱더 베풀어야 한다.

## '나'대신 '남'을 아파하라

모든 중생이 우리와 똑같은 본성을 갖고 있기에 우리는 그들을 보호해야 한다. 우리 몸을 예로 들어 보자. 우리 몸은 팔다리, 몸통 그리고 머리가 모여 하나를 이룬다. 각각이 하는 일도, 생김새도 다르지만 모두 우리 몸이기 때문에 똑같이 보호하려고 노력한다. 마찬가지로 중생계에는 무수한 중생들이 있다. 각각 하는 일도 다르고 역할도 다르지만 모두 중생계를 이룬다. 그들 모두 행복을 원하고 고통을 원치 않는다는 점에서 우리와 같다. 그렇기 때문에 우리는 그들이 고통을 당하지 않도록 보호해야 한다. 누군가는 이렇게 물을 지도 모르겠다. "내 팔과 다리가 서로 다르다고 한들 적어도 내 몸이다. 나의 팔이나 다리가 다치면 내가 아프다. 하지만 다른 중생이 다쳤다고 내가 아프지는 않다. 다른 중생이 느끼는 고통이 나를 아프게 하는 것도 아닌데 왜 내가 그들이 고통을 당하는 걸 막아야 하는가?"

물론 다른 중생들이 느끼는 고통이 우리를 직접적으로 아프게 하는 것은 아니다. 하지만 다른 중생을 우리와 같이 행복을 원하고 고통을 원치 않는 존재라고 여긴다면 그들을 보살피려고 노력할 것이다. 무수한 중생들이 우리에게 은혜를 베풀었기에 그들의 고통을 우리의 고통으로 여겨야 한다. 중생의 고통을 마치 자신이 겪는 고통인 것처럼 여기며 없애야 한다. 자신과 모든 중생이 행복을 원한다는 점에서는 같은데 왜 자신과 그들을 차별하는가? 왜 자신의 행복에만 관심을 갖는가? 우리 자신과 모든 중생이 고통을 원치 않는다는 점에서는 같은데 왜 자신만 보호하고 남들은 보호하지 않는가? 왜 자신과 다른 중생을 차별하는가?

이제 어느 쪽이 더 중요한지를 비교해 보자. '나'는 단 한 명인 반면에 다른 중생들은 무수히 많다. 더구나 '나'와 다른 중생을 말할 때 양쪽은 무관하지도 않다. 그들의 행동은 '나'에게 영향을 주고 '나'의 행동은 다른 중생들에게 영향을 미친다. '나'가 경험하는 행복과 고통을 다른 중생들도 똑같이 경험한다. '나'와 다른 중생은 연관이 있으나 숫자상으로 보면 다른 중생이 누릴 안락, 평온, 행복이 더 중요하다. 모든 중생의 행복이 한 명에 불과한 '나'의 행복보다는 더 중요한 것은 당연하다. 손가락 하나를 희생해서 나머지 아홉 손가락을 보호할 수 있다면 어떻게 하겠는가? 당연히 그렇게 하는 것이 더 현명한 일이다. 손가락 하나를 보호하기 위해 나머지 아홉 개를 희생하는 것은 멍청하고 어리석은 짓이다. 마찬가지로 열 사람이 처형되어야 하는데 한 사람이 희생해서 나머지 아홉 사람을 구할 수 있다면 그렇게 하는 것이 현명하다. 이에 이렇게 말하는 사람이 있을지도 모르겠다. "다른 사람들이 겪는 고통이 '나'에게 직접적인 해를 끼치는 것도 아닌데 내가 왜 그들을 보호해야 하는가?" 다른 중생의 고통이 당장 '나'에게 영향을 주지는 않겠지만 간접적으로는 해를 미칠 것이다. 일반적으로 다른 사람들이 행복하면 '나'도 행복하다. 우리가 다른 중생의 평온과 행복에 관심을 가지면 저절로 평온하고 행복해진다. 만일 우리가 다른 사람의 행복이나 평안을 무시하고 자신만을 생각한다고 하자. 다른 사람 생명을 앗고, 다른 사람 재산을 빼앗고, 다른 사람 배우자를 뺏는다면 극심한 고통을 불러일으킬 것이다. 법의 관점에서도 용납 받을 수 없다. 벌을 받을 것이다. 우리가 물에 빠진 사람을 구한다면 칭찬을 받고, 보답을 받을 것이다. 이것은 단지 종교적인 문제가 아니다. 우리 일상생활에 관련된 것이다.

남들은 '나'와 무관한 존재이고, 남들이 겪는 고통을 느끼지 못하기 때문에 남들이 겪는 고통에 관심을 가질 필요가 없다고 생각할 수도 있다. 하지만 윤회를 믿는다면 조만간 '나'도 저들과 같은 고통을 겪을 것이라는 사실을 알고 다음 생에 닥쳐 올 고통을 모면하기 위해서라도 조치를 내려야 한다. 이렇게 생각할 때 많은 사람들이 오류를 범하기 쉬운 점이 있는데 지금 생의 '나'와 다음 생에 '나'가 될 사람이 동일하다고 생각하는 경향이 있다. 물론 마음의 연속체는 동일하겠지만 둘은 별개의 사람이다. 원인을 쌓은 사람은 그 결과를 감당하는 사람과 같은 사람이 아니다. 우리는 서로 다른 과거 생의 연속체와 다음 생의 연속체를 '나'의 전생과 내생이라고 생각한다. 몸과 마음을 구성하는 다섯 가지 요소의 집합체(오온五蘊)에 기반을 두고 전생과 내생으로 불린다. 전생과 내생은 서로 다른 구성 요소들과 서로 다른 마음의 연속체를 토대로 만들어진다. 그러므로 독립된 실체로서 변하지 않는 내재적 존재는 없다.

염주나 군대로 예로 들어보자. 염주나 군대도 독립된 실체, 변하지 않는 내재적 존재가 없다. 많은 구슬을 한 줄에 꿰었을 때 그것을 염주라고 부른다. 군인들을 함께 모아놓았을 때 그것을 군대라고 부른다. 팔다리, 머리, 몸통이 하나를 이룰 때 그것을 몸이라고 한다. 그렇게 명칭을 붙인다. '고통을 겪고 있는 사람'도 명칭일 뿐 변하지 않는 내재적 존재가 있는 것은 아니다. 고통을 겪는 사람 안에는 실질적으로 존재하는 주인이 없다. 본래부터 존재하는 주인이라는 것을 찾을 수가 없다. 다음 생에 '나'로 태어날 다른 사람의 고통에 관심을 갖는다면, 우리는 지금 다른 사람의 고통에도 관심을 가질 수 있어야 한다. 궁극적으로 모든 것에는 고유하고 변하지 않는 독립된 실체, 즉 내재적 존재가 없으며 고통의 진짜 주인도 없다. 고통은 그저 고통이기 때문에 고통을 없애야 한다.

## 고난이 주는 행복

여기서 제기될 수 있는 또 다른 문제가 있다. 우리 모두는 고통을 원치 않는데 자비심을 일으키면 다른 중생들의 고통이나 아픔을 함께 느껴야 한다는 점이다. 그러면 스스로에게 고통을 가중하는 셈이 된다. 그래서 이런 질문을 할지도 모르겠다. "도대체 왜 자비심을 끊임없이 길러야 하는가?" 이에 대한 해답은 고통 받는 중생을 돕고자 마음을 일으킨 이유에서 찾을 수 있다. 다른 중생을 왜 돕겠다고 했는지를 깊이 생각해 보면 된다. 중생을 돕겠다는 마음을 바탕으로 자발적으로 자비심을 내기 때문에 크게 고통을 느끼지 않는다. 우리가 살면서 겪는 고통은 자발적으로 선택해서 생긴 것이 아니다. 그래서 고통스러운 일이 생기면 절망하고 망연자실한다. 반면에 우리가 수행을 하기 위해 자진해서 고난을 겪는 것은 자신이 결정한 일이기 때문에 더 이상 고난일 수 없다. 그래서 고난 앞에서 패배감 느끼는 것이 아니라 더욱 용감해질 것이다. 고난을 겪는 이유를 알기 때문에 절망하지도, 좌절하지도 않을 것이다. 사실 그 고난은 우리에게 행복을 선사할 것이다.

자비심을 기를 때 우리는 중생이 얼마나 고통을 받고 있는지를 생각하고, 그들이 우리에게 얼마나 친절했는지를 생각하고, 그들이 겪는 고통을 왜 없애야 하는지를 생각해야 한다. 그러면 결코 용기를 잃을 수 없다. 다른 중생의 고통을 보면 걱정은 되겠지만 절망이나 좌절은 하지 않는다. 그러므로 윤회하는 존재로서 당연히 겪는 생로병사의 고통과 타당한 논리에 근거해서 자발적으로 겪는 고난은 분명히 구분된다. 자진해서 고난이나 고통에 부딪히고 또는 고난이나 고통을 수용하는 것으로 우리가 고통을 제거할 수 있다면 그렇게 하는 것이 적절하다. 그러므로 자비로운 사람들은 마음으로 그런 고난을 익힐 가치가 있다는 사실을 안다. 우리 마음을 이렇게 길들인다면 다른 중생의 고통을 없앤다는 사실을 매우 즐겁게 받아들일 것이다. 백조가 연꽃이 가득한 호수에 자발적으로 들어가듯이 우리도 그렇게 행동할 것이다. 이런 마음가짐을 지닌다면 다른 중생이 겪는 고통을 없애기 위해 지옥에 태어난다고 해도 기꺼이 그렇게 할 것이다. 모든 중생이 겪는 고통이 사라질 때 행복이 끝없는 바다처럼 무한하게 펼쳐지지 않겠는가?

우리가 다른 중생이 소망을 실현할 수 있도록 도왔다는 사실을 자랑할 일은 아니다. 자랑할 이유가 없다. 우리의 유일한 목적은 다른 중생들이 목적을 실현하도록 하는 것이기 때문에 어떤 보답을 기대할 까닭이 없다. 우리가 불쾌한 말같이 사소한 것으로부터도 자신을 보호하려는 것처럼 중생도 그와 같이 보호하겠다는 마음도 길러야 한다. 이와 같은 자비심을 목표로 삼아야 한다. 우리 마음이 자비로워지면 '나'를 바라보는 마음으로 타인을 바라볼 것이다.

보리심은 자신의 필요보다 타인의 필요를 더 중요하게 여긴다. 보리심을 기르는 방법을 아직 개발하지 못했다면 개발해야 한다. 이미 개발했다면 더욱 강화해야 한다. 우리는 스스로를 결함투성이로 여기는 반면 남들은 더없이 많은 미덕을 가진 존재로 여겨야 한다. 이 말은 이기심을 결함으로 여기는 반면에 다른 중생을 염려하는 마음은 한없는 미덕의 근원으로 여겨야 한다는 뜻이다. 그러므로 나와 남을 서로 바꾸는 수행을 해야 한다. 이기심을 버리고, 다른 중생을 받아들이는 명상을 하라.

태초부터 내재적으로 존재하는, 고유하고 변치 않는 '자아'라는 것은 없다. 그런데도 우리는 부모가 낳아 준 이 물리적인 실체를 '나의 몸'이라 여긴다. 우리 마음이 이런 생각에 익숙해지도록 하면서 왜 다른 중생에게는 동일한 방식으로 생각하지 못하는가? 자신을 대하는 마음으로 다른 존재를 대한다면 결코 다른 중생을 위해 일하고, 중생을 대신해 곤란을 겪는 것을 결코 자랑스러워 하지는 않을 것이다. 우리가 자신을 위해 음식을 먹으면서 이에 대한 보답을 바라지는 않는다. 그러므로 불쾌한 말 같은 사소한 시비로부터도 자신을 보호하는 것처럼 중생을 보호하려는 마음을 키워야 한다. 우리는 자비로운 마음에 익숙해져야 한다.

보리심을 기르고 자비심에 익숙해지는 것이 어렵다고 해도 그 수행들을 포기하지 말라. 어려워서 할 수 없다는 생각도 하지 말라. 낙담하고 물러서지 말라. 큰 자비심은 매우 유익하고 도움이 된다. 지금 당장은 마음이 미치지 못하는 곳에 있을지도 모르지만 일단 자비심에 익숙해지고 나면 자비심을 기를 수 있다. 예를 들어, 자신에게 적의를 품고 있다고 느껴지는 어떤 사람이 있다고 치자. 그러면 그 이름을 들을 때마다 기분이 나빠질 것이다. 두렵기도 할 것이다. 그런데 어떤 계기로 그 사람을 알게 되면 매우 가까운 관계가 될지도 모른다. 자신과 모든 중생을 보호하고 싶으면 자신의 행복과 다른 중생의 고통을 서로 바꾸는 비밀 수행을 해야한다. '자신의 행복과 다른 중생의 고통을 서로 바꾸는 것'을 '최상의 비밀 수행'이라 한다. 부처의 경지에 이르려면 '나'와 '남'을 맞바꿀 수 있어야 한다. 편협한 마음을 가진 사람들이나 지성이 부족한 사람들의 경우, 자신과 타인을 서로 바꾸는 것을 이해하거나 받아들이는 데 어려움을 겪는다. 그래서 그런 사람들에게는 비밀로 해야 한다는 뜻에서 이 행을 '최상의 비밀 수행'이라 하는 것이다.

육신도 포기하고, 재물도 포기하라라면 무 ~으로 살라는 것인가? 아직도 이런 우려를 한다면 ~이 자신의 이익에 생각이 묶여 있는 것이다. '내가 이것을 주고 나면 나는 뭘 쓰지?'는 이기심이 하는 말이다. '내가 이것을 써 버리면 나는 무엇을 줄 수 있을까?'는 이타심이 하는 말이다. 이것이 도덕적인 수행이고 진정한 수행이다. 마찬가지로 자신의 이익을 위해 다른 중생을 해치는 일, 고기나 가죽을 얻기 위해 동물을 죽이는 것, 타인의 재산 강탈하는 것, 강간, 사기, 폭언 등은 스스로를 고통스러운 지옥으로 이끌 것이다. 말로, 몸으로, 생각으로 다른 중생을 해친 결과는 견딜 수 없이 고통스러운 지옥으로 스스로를 이끌 것이다. 반면에 다른 중생을 염려하는 마음에서 자유롭게 놓아 주고, 돕고, 생명을 구하고, 자진해서 그들의 고통과 고난을 받아들인다면 공덕을 쌓을 것이다. 단기적으로 보면 다음 생에 자유롭고 운이 좋은 인간으로 태어날 것이고, 궁극적으로는 해탈을 성취하고 깨달음을 얻을 것이다.

자신을 과대평가하고, 높은 지위를 갈망하면 이 세상을 사는 동안에 많은 적을 만들게 될 것이다. 사람들은 악담을 할 것이고, 주변에는 적의로 가득할 것이다. 그 인과로 다음 '내 감각이 둔한 어리석은 이로 태어날 것이다. 반대로 겸손히 처신하고 자신을 낮춘다면 사는 동안에 많은 사람들로부터 을 받을 것이다. 남을 괴롭히고 함부로 대하는 사람이 것처럼 보일 때도 가끔 있다. 이것은 정치인들이 선거 때 공약을 남발하는 모습과 비슷하다. 무모한 거 짓은 정치판 전체를 오염시킨다. 우리가 겸손하고 세상 사람들을 윗사람으로 대한다면 지금 이 생뿐만 아니라 다음 생에서도 평화와 행복을 누릴 것이다.

우리는 자신의 편리함을 위해 다른 사람들을 부린다. 이 기심의 발로다. 동물들도 함부로 부린다. 그러면서도 정작 동물들을 제대로 돌보지도 않는다. 도구로만 여긴다. 무거운 짐을 실어 나르는 동물들을 보면 등에 상처가 난 것을 쉽게 볼 수 있다. 다른 생명체를 노예처럼 함부로 부린 인과는 그런 존재로 태어나는 것이다. 반대로 다른 중생들을 위하고 보살피는 데 몸과 말과 마음을 쓴다면 다음 생에 좋은 가정에서 태어나서 많은 이들의 사랑을 받는 것이다.

요컨대 이 세상의 모든 평화와 행복은 기꺼이 다른 중생을 도우려고 했거나 도운 결과에서 비롯되는 것이다. 살면서 어떤 어려움을 겪는다면 그것은 과거 자신만을 위해 살았던 결과이다. 악도에 태어나는 것 역시 자신만의 안락과 행복을 추구한 결과이다. 이기심이 빚어낸 결과이다. 부처의 경지에 이르는 것을 포함해 이 세상에서 누리는 복덕은 모두 다른 이의 행복을 보살핀 결과이다. 더 말할 필요가 없다. 우리처럼 평범하고 유치한 존재와 석가모니 부처님과의 차이를 곰곰이 생각해 보라. 우리는 수많은 생애 동안 자신

것이다. 우리의 모든 것을 다른 중생에게 바쳤기 때문에 자신의 이익을 위해 눈과 몸, 말을 더 이상 사용할 수가 없다. 항상 자신보다 다른 중생을 더 중요하게 여겨야 한다. 우리가 어떤 좋은 물건을 가졌든 간에 모든 중생을 돕는 데 사용해야 한다.

## 질투, 경쟁, 무시

대체로 우리보다 못사는 사람들은 우리를 질투하고, 우리와 비슷한 사람들은 우리와 경쟁하고, 우리보다 잘사는 사람들은 우리를 무시한다. 거꾸로 우리는 우리보다 못사는 사람을 무시하고, 우리와 비슷한 사람과는 경쟁하고, 우리보다 잘사는 사람을 질투한다. 나보다 못사는 사람들, 나와 비슷한 사람들, 나보다 잘사는 사람들을 떠올려 보자. 보리심을 일으킨 다음, 나보다 잘난 사람, 나와 비슷한 사람, 나보다 못난 사람 편에 서서 질투하고 경쟁하고 무시하는 그 마음들을 느껴 보라. 다시 말해 중생을 위해 보리심을 기르겠다고 다짐한 우리가 중생의 입장에서 과거의 자신을 견주어 보라는 뜻이다. 과거의 자신에게 질투를 느끼고, 과거의 자신에게 경쟁심을 느껴 보라는 것이다. 목격자 입장에서 바라보는 것이 더 쉽다는 것을 느낄지도 모른다. 한쪽에는 무력한 중생이 있다고 상상하고, 다른 한쪽에는 우리의 예전

자아가 있다고 상상하라. 예전의 자아는 항상 이기적이고 자신의 이익에만 몰두했다. 예전의 자아는 자신보다 못사는 사람은 괴롭히고, 자신과 비슷한 사람들과는 경쟁하고, 자신보다 잘사는 사람들을 질투했다.

과거의 자아가 저지른 부정적인 행동을 공정하게 평가를 할 수 있다면 중생 편을 들지 않을 수가 없다. 이제 자신이 저지른 잘못들을 제대로 볼 수 있다. 자신보다 못사는 중생들 편을 들면서 과거의 자신에게 질투를 느껴 보라. 자신과 비슷한 중생들 편에서 과거의 자아에게 경쟁심을 느껴 보라. 자신보다 잘사는 중생들 편을 들면서 과거의 자아를 무시해 보라. 다시 말해 이 세 부류의 중생들 편에서 과거의 이기적인 자아를 다른 사람으로 여겨 보라. 그 다음에 자신의 질투심, 경쟁심, 자만심을 신중하게 명상해야 한다.

처음에는 질투에 대한 명상인데 이때 자신보다 못사는 중생들 편을 들어야 한다. 과거 이기적인 자신은 존경 받았던 반면에 지금의 자신(모든 중생)은 존경 받지 못한다는 것을 숙고하라. 과거에는 재산이 많아 떠받음을 받은 반면에 지금은 무시당하고 조롱을 당하고 있다. 예전의 이기적인 자아는 평안과 행복을 누린 반면에 지금 자신은 고통과 고역 그리고 고난을 견뎌야 한다. 과거의 자아는 널리 명성을 떨쳤지만 지금은 별 볼 일 없는 사람, 하찮은 사람으로 대접

받고 있다.

　중생들이 도덕적이지 않은 행동을 하는 것은 선천적이거나 본성 때문이 아니다. 비도덕적인 문제를 일으키는 것은 번뇌 때문이다. 중생이 본래 나쁜 존재는 아니다. 과거의 자아가 좋은 성품을 가졌다면 중생들을 돕고 보살피는 데 활용을 해야 한다. 그에 따른 어려움들도 견뎌낼 수 있어야 한다. 과거의 이기적인 자아가 중생들을 무시했기 때문에 이들이 악도로 던져지고 있다. 과거의 자아는 자비가 없었을 뿐만 아니라 자기 자랑을 떠벌리고 다녔다. 이런 태도가 경쟁심을 불러일으켰다.

　과거의 자아와 경쟁하는 것에 집중하는 명상도 있다. 다른 중생들이 예전의 자신보다 훌륭하다고 여기기 위해 우리(모든 중생)가 재산이 많아서 존경을 받는다고 상상하라. 우리의 자랑거리를 세상에 알리고 과거 자아의 자랑거리를 감추어라. 우리가 잘못을 감추면 우리는 존경 받고 선물을 받을 테지만 예진의 사아는 그렇지 않을 것이다. 예전의 이기적인 자아가 부적절한 일을 하면 우리는 그를 지켜보면서 그가 겪는 굴욕을 즐거운 마음으로 바라볼 것이다.

　다음에는 모든 중생을 우수하다고 생각하는 것에 집중하는 명상이다. 미혹한 과거의 자아는 우리와 경쟁할 수가 없다. 아무리 뒤져 보아도 경쟁할 것이 없다. 과거의 이기적인 자아는 배움, 지식, 아름다움, 재산 등 그 무엇 하나 우리와 비교가 안 된다. 우리의 특성을 분명히 보여줄 때, 우리 중생들은 몸도 마음도 즐거울 것이다. 우리는 평화와 행복을 누릴 수 있을 것이다. 과거의 자아에게 재산이 좀 있더라도, 그가 우리를 위해 일하기에 먹고 살만큼만 주고 나머지는 빼앗을 것이다. 그에게 행운이 비껴가도록 하자. 그가 우리에게 오랫동안 했던 것처럼 우리도 그를 괴롭힐 것이다.

억겁 동안 우리의 이기적인 마음가짐은 윤회하는 동안 우리에게 피해만 끼쳤다. 모든 중생은 각각 자신의 야망을 실현하기를 갈망한다. 그런데도 그들은 그 방법을 모른다. 억겁 동안 엄청난 고난을 겪었음에도 불구하고 고통만 얻어 왔다. 태초부터 지금 이 순간까지 우리는 자신만을 소중히 여기고 있다. 우리는 자신이 처해 있는 힘든 상황에서 벗어나 보려고 최선을 다해 노력했지만 행복해지는 데에는 실패했다. 앞으로도 자신만 귀하게 여긴다면 지금의 상황을 바꾸지 못할 것이다. 그렇기 때문에 우리는 다른 중생들의 소망을 실현하고 그들의 고통을 없애는 일을 반드시 시작해야 한다.

우리 마음이 다른 중생의 안녕을 염려하도록 훈련해야 한다. 그렇게 하는 것이 진실하고 믿을 만한 부처님의 가르침에 부합되게 행동하는 것이다. 그러면 다른 중생을 염려하고 관심을 기울이는 데서 오는 이익은 서서히 나타날 것이다. 우리의 안녕과 다른 중생의 고통을 맞바꾸는 수행을 오래 전부터 해 왔더라면 지금쯤 부처님의 훌륭한 성품들을 이미 성취했을지도 모른다.

부모의 정자와 난자가 수정되어 생긴 결과물을 '나'라고 여기며 살아온 것처럼 이제는 다른 중생을 '나'라고 여기는 마음을 일으킬 수 있어야 한다. 우리가 이기심의 단점을 인정한다면 이기심을 없애려고 노력하고, 자진해서 다른 중생의 행복에 관심을 기울여야 한다. 다른 중생들을 돕기 위해 수행하고, 다른 중생들을 위해 일하겠다고 결심을 했으면 중생들을 위해 헌신하라. 우리가 가진 재주나 재물을 모두 중생들을 위하는 데 사용하라.

이 시점에서 다시 한 번 과거의 이기적인 자아를 자신이라 생각하라. '나는 행복하고 다른 사람은 불행하다. 나는 잘살고 다른 사람은 못산다. 나는 자신만 돌보고 타인은 돌보지 않는다. 왜 당신들은 나를 질투하지 않는가?' 우리 자신에게서 행복을 떼어 내고, 나쁜 중생의 고통을 자신이 떠맡으라. 지금부터는 밤낮으로, 무엇을 하든, 어디를 가든, 자신이 어떻게 생각하는지를 지켜보아야 한다. 스스로를 잘 살피기 위해 알아차림 — 정념과 정지 — 을 사용하라. 다른 중생들이 나쁜 행동을 하는 것을 본다면 그들의 잘못을 자신의 잘못으로 받아들이라. 자신이 사소한 잘못이라도 저지른다면 공개적으로 분명하게 밝히라. 다른 사람의 명성을 칭찬할 때는 자신의 명성보다 더 뛰어나게 칭찬하라. 다른 사람들이 자신을 마음대로 이용할 수 있도록 하라. 한순간의 사소한 이익을 얻기 위해 그릇된 자아를 칭찬하지 말라. 지금까지 우리는 자신만을 보살피며 다른 중생들에게 해로움만 끼쳤다. 이제라도 다른 중생에게 도움이 되기 위해 그들이 입은 모든 피해와 고통을 짊어지겠다고 다짐하라. 우리 마음이 소란스럽거나 거칠어지지 않도록 하라. 마음을 고요하고 평화롭게 하라.

이와 같이 우리는 생각하고, 실제로 행동할 수 있어야 한다. 이기적인 마음가짐이 쉽게 사라지지 않는다면 즉시 강력하게 이기적인 마음가짐을 통제하라. 우리는 태초부터 이기심에 휘둘려 자신에게 피해와 고통만 가져왔다. 이제 이 잘못된 마음가짐을 통제하고 없애라. 이렇게 다양한 조언을 듣고도 여전히 마음이 바뀌지 않는다면 우리가 할 수 있는 일은 오로지 하나, 이기적인 마음가짐을 없애는 것뿐이다. 이기적인 마음가짐은 착각에서 비롯되었다. 더구나 이기심은 과거 많은 생에서 우리를 파괴했다. 무지하고 혼란스러웠을 때, 행복의 원인을 쌓는 방법과 고통의 원인을 제거하는 방법을 몰랐을 때, 이기심은 우리를 속이고 파괴했다.

그런 날들은 이제 과거가 되었다. 그리고 이기심이 어떻게 피해와 파괴를 불러오는지도 알았다. 그런데도 여전히 자신의 이익만을 좇고 싶다면 그런 잘못된 마음가짐을 버려라. 이제 이기심을 날려 버렸기에 낙담할 까닭도 없다. 다른 중생을 돕는 데 자신의 능력을 베풀고 잠재력을 제공하라. 우리가 사려 깊지 못해 우리의 이기심을 다른 중생이 마음대로 쓸 수 없도록 했다면 그 악업의 결과로 우리는 파괴되고 피해를 입을 것이다. 악업에 사로잡히면 우리는 무너지고, 지옥에 떨어질 것이다. 뒤따르는 끔찍한 결과를 자각하고 자신만을 생각하는 것을 멈추라. 자신을 보호하고 싶다면 다른 중생의 안녕을 염려하는 마음을 일으키라. 자기 대신에 다른 중생을 보호하고 지키라. 자신의 몸을 아끼면 아낄수록 더 쇠약해질 것이다. 쇠약해진 몸은 사소한 통증이나 문제도 이겨 내지 못할 것이다. 심한 무기력에 빠질 것이다. 몸이 무기력해지고 허약해지면 우리는 몸에 더 집착을 할 것이다. 이 집착 때문에 온 세상의 보물을 다 얻어도 만족하지 못할 것이며, 그 무엇도 우리를 충족시키지 못할 것이다.

우리가 그토록 애지중지하고 보살피던 육신은 결국 죽음을 맞이할 것이다. 정신이 떠나면 육체는 바로 시신이 된다. 시신이 되면 움직일 수가 없다. 육체에 활기를 불어넣는 것은 의식이기 때문이다. 의식이 떠나면 육체는 부패하기 시작한다. 이 몸은 두려움의 근원일 뿐인데 왜 그리 소중하게 여기는가? 객관적으로 보면 우리 몸은 나무토막과 비슷하다. 우리가 열심히 먹이고, 입히고 했으나 몸은 그 은혜를 기억하지 못한다. 마찬가지로 독수리들에게 먹힐 때에도 몸은 기분 나빠하지 않을 것이다. 몸은 은혜도 모르고, 피해도 모르는데 그런 몸한테 왜 그렇게 집착하는가? 마찬가지로 몸은 칭찬을 받는지, 비난을 받는지도 알지 못하는데 왜 이런 몸을 위해 자신을 지치게 만드는가?

우리가 오랜 친구를 좋아하는 마음으로 몸에 집착을 한다면 모든 중생도 자신의 몸을 우리와 같이 귀하게 여길 것이다. 그러니 모든 중생의 몸도 내 몸처럼 소중히 여겨야 한다. 그러므로 모든 중생을 위해 자신의 몸에 대한 집착을 버려라. 우리 몸은 많은 결점을 지니고 있고, 본래 불쾌하고 더러운 물질로 이루어져 있다고 해도 그 몸을 목적에 맞게 사용할 수 있다면 기꺼이 다양한 목적을 실현하는 도구로 활용하라. 지금까지 우리는 어린아이처럼 굴었다. 이제부터는 달리 처신을 해야 한다. 지혜로운 이들을 따라야 한다. 자비로운 부처님과 보살님처럼 우리가 해야 할 일을 받아들여야 한다. 그렇지 않으면 어떻게 고통을 끝낼 것인가?

# 삶의 연꽃

만물에 독립된 실체가 없다는 공성의
진리를 터득하면 지극히 평화로운 상태에
이를 것이다.

8

지금까지 설명한 내용들은 지혜를 설명하기 위한 것이다. 지혜는 많은 것을 의미한다. 예를 들어, 다섯 가지 학문의 지혜가 있다. 이 장에서는 공성空性을 깨닫는 지혜, 즉 실체(reality)를 이해하는 지혜를 다룰 것이다. 인도의 위대한 불교 학자인 나가르주나Nagarjuna(용수)는 다음과 같이 말했다.

연기와 공성은
중관과 동일한 의미라는
수승한 가르침을 주신
부처님께 귀의합니다.

부처님은 외모, 말씀, 생각, 어느 하나 빠짐없는 탁월한 존재인데, 이 게송에서는 공성과 연기緣起와 중관中觀의 의미가 동일하다는 것을 정확하게 인식하고 있는 부처님의 지혜를 찬탄하고 있다. 이렇게 말하는 데에는 중요한 까닭이 있나. 연기, 즉 의손석 발생에는 방대한 의미가 함축되어 있기 때문이다. 일반적으로 모든 것은 다른 요소와 조건에 의존해서 존재한다. 예를 들어, 우리가 경험하는 행복이나 고통은 특정한 원인에 의존해서 일어난다. 우리가 행복을 원한다면 행복의 원인들을 찾아내서 실행해야 하고 고통을 원하지 않는다면 고통의 원인들을 찾아내서 제거해야 한다. 이

것이 네 가지 고귀한 진리, 사성제四聖諦의 가르침이다.

사성제는 부처님이 깨달음을 얻고 나서 처음으로 베푼 가르침 — 초전법륜이다. 사성제의 핵심 내용은 다음과 같다. "고통이 있다, 고통을 만드는 원인이 있다, 고통을 소멸하는 것이 가능하다, 고통을 소멸하는 방법이 있다." 우리가 실제로 원하는 것은 행복이다. 우리가 윤회하면서 경험하는 행복도 분명 행복이긴 하지만 이 행복은 안정적이지 않다. 우리가 진정 원하는 것은 지속적인 행복이다. 고통에서 완전히 벗어나는 것이야말로 안정되고 신뢰할 수 있는 행복이다. 우리가 얻고 싶은 행복은 바로 이런 행복이며, 그것을 얻도록 하는 것이 바로 수행이다.

사물은 그것의 원인에 의해 생겨나고 존재하기 때문에 경전에서는 원인과 무관하게 행복과 고통을 경험하는 자아를 거론하지 않는다. 마찬가지로 독립된 우주의 창조주를 주장하지도 않는다. 독립된 자아나 독립된 창조주를 주장하는 것은 사물은 오로지 그것의 원인에 의존해 발생한다는 설명과 모순된다. 모든 것이 원인과 조건에 의해 생긴다는 것을 인정한다면 논리적으로 영속적이고 온전하고 독립적인 자아를 인정할 수 없어야 한다. 독립적인 창조주를 인정하는 것은 모순되고, 논리적으로 맞지 않다.

## 공성은 곧 연기

모든 현상에는 내재적 존재가 있지 않다는 것을 입증하기 위해 사용하는 논리는 '현상은 다른 원인에 의존해서 존재한다.'이다. 또한 현상은 그것을 구성하고 있는 부분에 의존하고, 그것에 이름을 붙인 생각에 의지하여 존재한다. 하지만 사물에 내재적 존재가 있지 않다는 사실이 곧 사물이 존재하지 않는다는 의미는 아니다. 많은 요소들이 합쳐져 있기 때문에 사물이 존재하며, 사물은 그것을 구성하는 요소들에 의해 존재하기 때문에 독립성이 없으며 내재적 존재가 없다. 여기서 요점은 '공성'이 '연기'를 의미한다는 것이다. 내재적 존재가 없다는 것, 즉 독립된 실체가 없다는 공성이 연기를 의미한다는 것을 이해하면 우리는 허무주의라는 극단에 떨어지지 않을 것이다. 또한 사물이 원인에 의존해 생긴다는 연기를 설명할 때, 사물에 독립된 실체가 있지 않다는 것을 이해하면 절대주의라는 극단에 빠지지 않을 것이다. 그러므로 공성, 연기, 중관이 모두 동일한 것을 의미한다고 가르치고 있다.

모든 현상에는 내재적 존재가 없기 때문에 우리 마음을 괴롭히는 번뇌 역시 마음에 내재한 특성이거나 선천적인 특성은 아니다. 번뇌는 처음부터 마음에 있었던 것이 아니다. 번뇌는 부정적인 생각의 결과로 일어나는 것이다. 따라서 제거할 수 있다. 처음부터 마음은 명료함과 자각하는 특성을 갖고 있다. 명료함과 자각은 마음의 근본적인 특성이다. 집착과 미움은 부수적인 상황에서 일시적으로 생긴 것이기 때문에 제거할 수 있다. 마음을 어지럽히는 집착이나 미움을 제거하고 부처의 특성을 발달시킬 수 있는 가능성이 마음 본래의 특성이다.

## 요의경과 불요의경

부처님을 따르는 이들도 기질이 다양하고, 관심사도 다양했을 것이다. 이 점을 고려해 부처님은 다양한 수준에서 가르침을 설명했다. 그래서 부처님의 가르침이 서로 다른 것처럼 보일 때가 있다. 그 결과, 부처님의 가르침은 뜻이 명백한 가르침인 요의경了義經과 해석이 필요한 가르침인 불요의경 不了義經으로 분류된다. 요의의 가르침, 즉 글자 뜻 그대로 명백하게 이해할 수 있는 가르침은 부처님이 사물의 궁극적인 존재 방식을 어떻게 인식하고 있는지를 추적할 수 있다.

『지식의 보고Treasury of knowledge』에 실린 내용을 예로 들수 있다. 이 논서에서는 해와 달의 크기가 우주의 중심축이라고 하는 수미산 높이의 절반쯤 된다고 서술하고 있다. 오래전 용어로 기술한 그 크기를 요즘 도량으로 환산하면 약 640 킬로미터쯤 된다. 이 논전에서 말하는 해와 달은 요즘 과학자들이 측정하고 있는 바로 그 해와 달이다. 이 논전에 실린 주장은 현대의 과학적 도구를 사용해 측정한 결과와 일치하지 않는다. 경전이나 논서에 실린 내용이라 해도 현대 과학적 지식과 어긋난다면 그 내용을 옹호할 수가 없다. 우리가 진정한 스승으로 여기는 부처님이 한 말씀일지라도 그 내용이 논리적으로 타당하지 않다면 그것을 문자 그대로 받아들일 수는 없다. 부처님이 그 말씀을 한 목적과 의도를 고려해 경전의 내용을 해석해야 한다.

또 다른 예를 들어 보자. 『지식의 보고』에서는 임종 시 마음의 본성을 설명하면서 도덕적일 수도 있고, 비도덕적일 수도 있다고 한다. 하지만 『지식 개론Compendium of knowledge』에서는 임종 시 마음은 중립적일 뿐이라고 설명하고 있다. 무상 요가밀無上瑜珈密에서는 임종 시에 도덕적인 수행을 할 수도 있다고 설명하고 있다. 이런 설명들은 서로 일치하지 않고, 논리적으로 조화를 이루기도 어렵다. 수트라와 탄트라의 여러 경전에서 사물을 설명하는 방식에 차이가 있을 때는 무상 요가밀The Highest Yoga Tantra 문헌이 설명하는 마음이 타당하다는 사실을 기억하라. 무상 요가밀은 마음을 여러 수준 ― 미세한 의식과 조대한 의식 ― 으로 분류하고, 의식에 특별히 집중하는 방법을 설명한다. 요가 수행의 많은 과정들을 논리적으로 입증할 수 있을 뿐만 아니라 자신의 경험을 통해서도 어느 정도 알 수 있다. 그러므로 밀교 경전을 주된 판단 기준으로 삼는다면 다른 경론에서 설명하고 있는 내용은 문자 그대로 받아들이지 말고 해석을 통해서 이해해야 한다.

요즘 과학 분야에는 우주학, 신경 생물학, 심리학, 분자 물리학과 같은 다양한 영역이 있다. 모두 축적된 과학적 연구 결과를 바탕으로 발전한 학문들이다. 이 분야의 여러 연구 결과는 불교의 가르침과 밀접하게 관련되어 있다. 따라서 불교 학자들과 불교 사상가들도 이 분야를 더 잘 알아야 한다. 이것은 대단히 중요하다. 더불어 과학자들이 받아들이지 않는 부분도 많다는 사실도 기억해야 한다. 거기에는 두 가지 이유가 있을 수 있는데, 어떤 것이 존재하지 않는다는 사실이 과학적으로 밝혀졌기 때문에 그 존재를 인정하지 않을지도 모른다. 반대로 그것의 존재를 입증하지 못하기 때문에 인정하지 않을 수도 있다. 예를 들어, 어떤 특별한 대상을 과학적으로 분석해 보니 논리적 오류가 있다고 밝혀질 수도 있다. 그런데도 우리가 그 존재를 인정할 것을 고집한다면 이것은 논리와 모순될 것이다. 어떤 것이 존재한다면 발견되어야 하는데 과학적으로 분석을 해도 발견되지 않는다는 것이 명백하게 입증된다면 불교 관점에서도 그것이 존재하지 않는다고 인정해야 한다. 이것이 경전에 기록된 불교 교리와 모순이 된다면 경전에 있는 가르침이 해석이 필요로 하는 것임을 인정할 수밖에 없다. 따라서 부처님의 가르침이라는 이유만으로 경전의 내용을 문자 그대로 받아들일 수는 없다. 부처님의 가르침이 논리적으로 모순인지 아닌지를 살펴봐야 한다. 논리적으로 타당하지 않다면 글자 그대로 받아들일 수는 없다. 그 가르침 속에 담긴 의도와 목적을 찾아내야 하고, 해석이 필요한 가르침이기 때문에 분석을 해야 한다. 그러므로 불교에서는 분석의 중요성을 강조한다.

## 마음의 본성과 사물의 본성

다양한 방식의 분석이 있을 수 있다. 분석을 하는 주체도 인간 마음이기 때문에 그 마음은 집중하고 있는 대상을 잘못 판단하면 안 된다. 잘못 판단하지 않기 위해 만전을 기하는 분석이라면 신뢰할 수 있다. 하지만 착각을 하거나 의심이 되는 마음이 결정한 것이라면 신뢰할 수 없다. 그러므로 마음에 대한 상세한 설명이 필요하다. 외부 세계를 분석하는 것과는 달리 마음의 본성을 분석하는 주된 목적은 긍정적인 변화를 도모하는 것이다. 우리는 통제가 안 되고, 길들여지지 않은 마음 상태를 고요하고 평화로운 상태로 바꾸기 위해, 마음에 변화를 가져오기 위해 노력을 한다. 그렇기 때문에 경전에서는 마음의 본성과 마음 작용을 광범위하게 거론한다. 착각을 하는 처음 상태부터 지혜와 자각을 얻은 상태까지, 마음의 변화를 상세하게 설명한다.

사물의 심오한 본성들을 보면 처음의 착각 상태에서 지혜의 상태로 발전하는 과정은 점진적이다. 처음에는 완전히 착각하는 상태 — 실체(reality)와 반대되는 견해만을 고집하는 상태 — 에서 수행을 시작할지도 모른다. 그러다 자신의 관점이 옳지 않다는 것을 알면 마음은 완전한 착각 상태에서 벗어나 의심으로 흔들리는 상태로 바뀐다. 그러면서 이것이 맞을 수도 있고, 저것이 맞을 수도 있다는 생각을 하기 시작한다. 지속적으로 분석을 더 하다 보면 견해가 흔들리는 상태에서 벗어나 기존의 확신이 틀렸다는 것을 아는 상태로 발전한다. 이것이 '올바른 추정'이다. 이 시점 역시도 타당한 마음이 사물을 논리적으로 이해하는 단계는 아니지만 올바른 결론을 이끌어 내는 타당한 마음을 서서히 갖게 될 것이다. 그 다음에는 우리가 이해한 의미를 명상하면서 그 의미에 점점 익숙해질 것이다. 결국 명상의 주제를 명확하게 이해하면 마음은 직접적이고, 타당한 의식이 될 것이다. 이런 방식으로 마음을 훈련한다.

마음이 그런 분석을 하는 과정에서 사물이 자연적이고 본래적인 존재 방식을 갖고 있음을 처음으로 알게 된다. 이런 까닭에 마음이 분석을 하기 시작하면 진리나 실체를 탐색하려고 한다. 실체는 마음이 새로 만들어 낸 것이 아니다. 그러므로 진리를 탐색하는 것은 사물이 실제 존재하는 방식을 찾는 것이다. 외부 현상이든 내면 현상이든 존재 방식과 작용 방식을 이해하는 것이 중요하다. 이것을 본질의 논리(진여眞如)라 한다. 이 진여의 논리는 사물의 진여, 사물의 본성에 근거해서 분석한다는 의미이다. 마음의 경우에는 먼저 마음이 작용하는 자연스러운 과정을 인식할 필요가 있다. 마음의 명료함과 집착 같은 부수적인 번뇌들이 일어날 때 나타나는 여러 가지 측면을 구별할 수 있어야 한다.

또 다른 유형의 분석은 하루 동안 우리에게 일어나는 경험들을 살피는 것이다. 아침에 불행한 느낌이 들면 하루 종일 그 느낌이 다른 감정에도 영향을 끼칠 수 있다. 아침에 느꼈던 불행한 느낌과 그 이후에 일어나는 느낌들 사이에 직접적인 인과관계가 없어도 그럴 수가 있다. 특정한 생각이 우리 마음 상태에 영향을 미치기 때문에 그런 일이 일어난다. 물리적인 재료에서도 이런 현상은 볼 수 있다. 성질이 서로 다른 두 가지 물질이 결합해서 개개의 성질과는 전혀 다른 물질을 만들어 낸다. 화학 반응에서 관찰되는 현상이다. 마음의 경우, 아침에 우리가 어떤 강한 생각을 경험하면 그 생각이 남긴 흔적 때문에 그날 하루 종일 더 행복할 수도 있고 더 불행할 수도 있다. 불행하다는 느낌 때문에 평소보다 더 쉽게 화를 낼 수도 있고, 사소한 일에도 화를 낼 수도 있다. 반면에 어떤 날에는 행복하다는 느낌이 강하게 들어서 다른 사람이 잘못을 해도 가볍게 넘어가거나 잘 참을지도 모른다. 확실히 우리 마음의 변화는 다양한 상황과 환경이 결합되는 것에 달려 있다. 기분이 좋은 상황에서는 장애나 불운도 가볍게 여기는 반면, 기분이 나쁜 상황에서는 참지 못하고 쉽게 화를 내게 된다.

마음이 이름을 붙이지 못하는 현상은 없다. 그렇다고 무엇이든 마음이 이름을 붙인다고 해서 존재한다는 뜻은 아니다. 예를 들어, 토끼의 뿔을 상상할 수는 있지만 실제로 뿔을 가진 토끼는 없다. 무엇이든 마음이 이름 붙인 것이 반드시 존재해야 한다면 토끼 뿔도 존재해야 한다. 그러므로 생각에 의해 명명되지 않는 현상은 없지만 무엇이든 생각에 의해 명명된 것이 반드시 존재한다는 의미는 아니다. 자연 법칙을 생각이 마음대로 바꿀 수 없기 때문에 우리는 자연 법칙을 있는 그대로 받아들이고, 자연 법칙과 모순이 되지 않도록 마음을 바꾸어야 한다. 이것이 행복을 키우고 고통을 줄이는 방법이다.

우리가 화를 낸 결과로 불행을 느끼기 때문에 분노를 없앨 수 있으면 좋겠다고 말한다. 자애롭고 자비로운 마음 덕분에 행복을 느끼기에 그런 특성을 발달시키면 좋겠다고 말한다. 분노와 자비는 상호배타적이진 않으나 어느 정도는 반대되는 개념이다. 분노와 자비가 반대되는 성질을 갖고 있기 때문에 자비심을 키우려고 노력하면 분노가 약화될 것이라고 추론한다. 이것이 우리가 수행을 통해 할 수 있는 방법이다. 분노는 불행의 원인이고 자비는 행복의 근원이다. 그래서 우리가 자비를 키우고 분노를 없애려고 노력하는 것이다.

이와 같이 방식으로 사물을 분석하는 것이 중요하다. 우리는 진리의 의미를 찾고 있고, 분석과 연구를 통해 진리에 대한 확신을 얻을 수 있다. 인도의 위대한 주석가인 하리바드라Haribhadra는 부처님의 가르침을 따르는 사람들을 두 부류로 나누었다. 이성과 논리에 근거해 가르침을 따르는 총명한 사람들(상근기上根機)과 믿음에 의지해서 가르침을 따르는 덜 지성적인 사람들(중근기中根機)로 구분했다. 지성적인 상근기는 가르침의 의미를 분석한다. 이들은 가르침에 논리적 오류가 없는지 분석하기 위해 이성을 사용한다. 가르침에 논리적 모순이 없고 타당한 근거를 가졌다는 확신이 들면 가르침의 의미를 완전히 파악하지 못했더라도 신뢰하고 고무된다. 상근기를 위한 가르침에서는 마음의 문제점들을 없애기 위해 이성을 활용하는 방법들이 제시된다. 특정한 주제에 의심을 갖는 이라면 이성을 활용할 후보자라 할 수 있다. 그렇기 때문에 나는 종종 사람들에게 불교 수행자가 되고 싶으면 우선 의심이 많아야 된다고 말한다.

일상생활에서 우리는 다양한 활동을 하고, 주변으로부터 많은 정보를 받아들이는데, 이 모든 현상들을 절대적이고 진실한 것으로 받아들이는 경향이 있다. 다시 말해 우리는 사물이 우리에게 보이는 방식으로 존재한다고 생각하면서 속고 있다. 우리가 일상에서 부딪히는 많은 문제들은 사물이 우리에게 보이는 방식과 실제로 존재하는 방식이 일치하지 않기 때문에 생긴다. 따라서 이런 불일치를 살펴보고 궁극적인 존재 방식인 실체를 분석하는 것은 모든 불교 철학 사상의 연결점이다. 궁극적인 존재 방식은 분석과 조사와 실험을 통해서 확립된다.

모든 불교 학파는 사법인四法印 — 모든 구성된 현상은 영원하지 않다(제행무상인諸行無常印), 모든 오염된 현상은 고통스럽다(일체개고인一切皆苦印), 모든 현상에는 독립된 실체가 없다(제법무아인諸法無我印), 열반은 진정한 평화다(열반적정인涅槃寂靜印) — 을 인정한다. 원인과 조건이 만나 생긴 모든 현상은 존재하는 그 순간부터 변하고 한순간도 그대로 머물지 않는다. 매순간 변하는 이런 일시성은 다른 요인 때문이 아니라 현상의 원인에서 비롯된 결과 때문이다. 부분과 부분들이 만나 이루어졌거나 원인과 조건의 결합으로 생긴 모든 것은 영원하지 않고 한정된 시간 동안 존재할 뿐이다. 모든 현상과 사물은 영원히 존재하지 않으며 매순간 끊임없이 해체되고 있다. 일정하지 않고 늘 변하는 이런 미세한 무상은 과학적인 분석 결과로도 확인되고 있다.

영원하지 않고, 부분과 부분이 만나 이루어진 "구성된 현상"은 일반적으로 여러 원인의 결과이다. 우리가 여기서 특별히 관심을 갖는 부분은 사람을 구성하는 정신적 요소와 신체적인 요소들의 집합체가 지니고 있는 본성이다. 이 집합체는 욕망에 오염된 행동이 만들어 낸 결과물이다. 그래서 '오염된 것'이라고 부른다. 번뇌는 내재적 존재가 있다고 믿는 무지의 지배를 받는다. 무지와 번뇌에 지배를 받는 것이 고통이고, 무지와 번뇌에서 벗어나는 것이 평화이다. 이것이 모든 오염된 사물들은 고통스럽다고 하는 것의 의미이다.

## 오래된 착각

이제 우리가 나누어야 할 질문은 '우리는 왜 끝없이 고통을 겪어야만 하는가?'이다. 이에 사법인 가운데 세 번째인 제법무아인은 그렇지 않다고 명확하게 답하고 있다. 실제로 모든 현상은 내재하는 존재가 없고 무아無我이다. 이것이 모든 현상의 실제 상태이다. 모든 현상에는 내재적 존재가 없는 것이 실제 상태일지라도 사물은 내재적 존재를 가진 것처럼 보인다. 우리가 사물에 내재적 존재, 즉 독립된 실체가 있는 것으로 지각하는 것은 그릇된 의식이며 잘못된 사고방식이다. 이런 지각에는 타당한 근거가 없다. 우리가 이런 심한 착각을 하는 것은 타당한 논리적 근거나 다른 확고한 근거가 있기 때문이 아니다. 우리가 착각에 오랫동안 빠져 있었기 때문이다. 이제 우리가 공성의 의미와 무아의 본성을 제대로 이해하려고 노력하면 우리의 착각에서 벗어나 사물의 진정한 본성을 통찰할 수 있다. 그러면 착각의 원인인 번뇌도 없앨 수 있다. 사물에 내재적인 존재가 있다고 착각하는 무지도 없앨 수 있다. 이런 오염된 원인을 없애고 나면 평화로운 상태에 이를 것이다. 그러므로 니르바나는 평화다. 니르바나는 기만적이지 않고 믿을 수 있기에 평화라고 부른다.

불교의 모든 가르침과 수행의 기반은 연기법이다. 왜 그런가? 첫째, 궁극적인 진리를 확립하는 것, 즉 모든 존재에 내재적 존재가 없다는 공성을 이해하는 것과 관련된 수행이 가능한 것은 오로지 연기 때문이다. 사물은 여러 원인과 조건에 의해 생기는 것이기 때문에 당연히 독립적이고 자주적인 존재를 갖고 있지 않다. 이런 추론을 이용하면 내재적 존재가 있다는 착각을 부정하게 된다. 그러므로 연기의 의미를 이해하면 내재적 존재가 없다는 공성을 더욱 새롭게 이해하고, 더욱 깊이 이해할 수 있다. 둘째, 모든 현상은 다른 요소에 의존해서 생기기 때문에 우리가 느끼는 행복이나 고통도 자신이 한 행동의 결과라는 것을 이해할 수 있다. 마찬가지로 우리의 긍정적인 경험과 부정적인 경험은 모두 다른 중생들과 관련되어 있다. 우리가 다른 중생을 무시하면 우리는 손해를 볼 것이고, 우리가 다른 중생을 보살피면 우리도 이익을 얻을 것이다. 이런 가르침은 연기법에 근거한다. 따라서 모든 불자들 생활방식은 연기의 개념에서 비롯되어야 한다. 남을 해치지 않으려고 하는 불교의 비폭력적인 품행, 무아론無我論, 그것과 관련된 명상 수행은 모두 연기법에 기반을 둔다.

공성은 연기를 설명하는 또 다른 방법이다. 연기의 논리를 이용하면 사물들이 내재적 존재를 갖고 있지 않다는 것, 즉 사물에 내재적 존재가 없다는 공성을 이해할 수 있을 것이다. 이 관점에서 보면 관습적인 현상들은 의존적이고, 규칙을 벗어나지 않는 인과 관계가 드러난 명칭으로 존재하는 것이다. 이런 맥락에서 사비와 자애의 친절을 키우고, 보시와 지계와 인욕과 정진과 선정을 수행한다.

집착, 미움 같은 부정적인 마음은 사물에 내재적 존재가 있다는 착각에 근거한다. 우리가 무아에 집중하는 마음을 키울 때는 내재적 존재가 있다는 착각을 하지 않는다. 따라서 집착이나 미움의 힘은 자동적으로 약화된다. 사랑, 자비

같은 긍정적인 마음을 키우겠다고 무지의 지원을 받을 필요는 없지 않겠는가. 우리가 공성을 이해하는 수행과 보리심을 기르는 수행을 함께하면 두 수행이 상호 보완을 하면서 우리 마음의 잠재력을 증진하고, 강화할 것이다. 심상心像을 통해 공성을 이해하는 마음 상태는 주체와 객체를 분리하지 않고, 개념이 아닌 직관으로 공성을 받아들인다. 이 수행에 점점 더 익숙해지면 우리의 일시적인 결함들도 본래 순수함(청정법계) 속에서 소멸되고, 복잡하게 일어나던 번뇌도 모두 소멸한다. 번잡한 번뇌가 완전히 소멸한 궁극적인 평온의 상태를 부처님의 법신法身이라고 부른다.

## 투명한 시선, 지혜

번뇌를 없애려면 공성에 대한 견해를 발달시켜야 한다. 우리의 몸과 마음을 구성하는 요소에 내재적인 존재가 있다고 착각하는 한 우리는 자아에 관해서도 착각을 할 것이다. 변하지 않는 고유한 자아가 있다고 착각을 할 때 악업을 쌓게 되고, 그 악업에서 환생이 일어난다. 그러므로 니르바나를 성취하고 윤회에서 벗어나기 위해서는 공성에 대한 견해를 발달시킬 필요가 있다. 공성을 깨닫는 지혜는 개인의 해탈을 구하는 이에게도 필요하다. 그러므로 고요히 머무는 마음(지止)을 증진하고, 이를 바탕으로 공성을 이해하는 지혜

(관觀)를 중진해야 한다. 특히 깨달음을 얻는 데 방해가 되는 것들을 해소할 수 있는 지혜를 특별히 중진해야 한다. 그런 지혜는 육바라밀 가운데 처음 다섯 바라밀 — 보시· 인욕· 지계· 정진· 선정 — 수행에 감화되어야 한다. 그러므로 육바라밀을 부처의 경지에 이르는 수행이라고 한다. 부처님의 모든 가르침은 연기에 근거를 두고 있으며, 중생들이 고통스러운 상태에서 벗어나도록 하기 위해 가르친 것이다.

공성을 단순히 이해하는 것만으로는 부족하다. 철저하게 익숙해져야 한다. 공성의 의미를 깊이 생각하고 이를 바탕으로 현상을 관찰해야 한다. 예를 들어, 사람들을 잘 살펴보면 하나 같이 행복을 원하고 고통을 원치 않는다는 것을 알 수 있다. 그러나 그들 얼굴에 나타나는 수많은 표정들은 모두가 원인과 조건에 의존한다. 모든 것이 원인과 조건에 의존해 생겨난다. 그 어떤 것도 내재적 존재, 즉 독립된 실체를 갖지 않는다. 사물들은 내재적 존재를 갖고 있지 않음에도 불구하고 마지 내새직 존재를 가진 것처럼 보이다. 따라서 사물은 우리 눈에 보이는 것과 실제 존재하는 방식이 일치하지 않는다.

우리가 이와 같이 이해할 때 모든 것을 꿈이나 환상으로 여길 수 있다. 사물을 이와 같이 생각하기 시작하면 만물이 본질을 갖고 있지 않다는 것을 인정할 것이고 그러면 집착과 분노를 줄일 수 있다. 본래 모든 현상이 내재적인 존재를 갖고 있지 않기 때문에 얻을 것도 없고 잃을 것도 없다. 제7 대 달라이 라마는 실체를 설명하면서 형태나 소리 같은 서로 다른 현상들은 여섯 가지 감각으로 드러난다고 말했다. 그렇게 나타나는 것들 가운데에는 볼 것들이 많은데 눈에 보이는 대상은 아름답고 다채로워 보이지만 실제 존재하는 방식은 우리 눈에 보이는 방식과는 다르다고 설명했다. 무엇이든 우리 마음에 나타나는 것은 내재적 존재를 가진 듯이 보인다. 이것은 우리 마음을 무지가 가리고 있기 때문이다. 이 사실을 자각해서 우리 마음에 나타나는 것은 무엇이든 무지의 힘과 무지가 남긴 흔적에서 비롯되었다는 것을 알아차려야 한다. 그러면 사물의 모습이 마음에 나타나는 순간, 그것이 눈에 보이는 방식대로 존재하지 않는다는 것을 알아차릴 것이며, 그것에 더 이상 속지 않을 것이다.

우리가 고통과 직면하든 평화와 직면하든 궁극적으로 좋아할 것이 무엇이며 낙담할 것이 무엇인가? 우리는 누군가에게 집착을 한다. 왜 집착을 하는가? 우리에게는 귀의의 대상인 불보살, 집착하는 가족과 친구, 업신여기는 사람, 분노의 대상인 적 등이 있다. 그들 모두를 꿈이라고 생각하여 모두를 공평하게 대하는 마음가짐을 지녀야 한다. 이 말의 의미를 잘 이해해야 한다. 선악의 구별이 없고, 사물들이 전혀 존재하지 않는다는 의미는 아니다. 욕망이 종종 부정적인 것으로 묘사되는데 니르바나를 열망하는 것도 일종의 욕망이다. 관습적인 차원에서 보면 니르바나는 얻어야 할 대상이며, 윤회는 버려야할 대상이다. 이런 까닭에 우리는 공성을 명상한다. 윤회나 니르바나를 진실한 존재 또는 내재적 존재를 가진 것으로 여기는 것은 좋지 않다. 우리에게는 친구도 있고 적도 있다. 자신에게 해를 입히는 사람을 적이라 하고, 자신에게 도움을 주는 사람을 친구라 한다. 친구를 친구라 하고 적을 적이라 하는 것이 잘못된 것은 아니다. 하지만 친구라는 이유로 상대에게 집착을 하는 것은 잘못이다. 마찬가지로 적을 나쁜 사람으로 여기기 때문에 적으로 간주되는 사람에게 화를 내는 것은 잘못이다. 그런 식의 마음가짐은 잘못된 것이다. 사물들이 단지 이름으로 존재한다는 사실에 근거해 모든 것을 환상이자 꿈이라고 생각할 수 있어야 한다.

우리는 자신이 행복하기를 바라면서도 여전히 자신에게 변하지 않는 내재적 존재가 있다고 생각한다. 이런 착각은 이기적인 우리 마음가짐을 더욱 강화시킨다. 우리가 불보살과 스승을 관상할 때 가슴에 꽃잎이 여덟 개인 연꽃과 그 연꽃 중앙에 앉아 계신 불보살과 스승의 모습을 생생하게 그리려고 애쓴다. 명료하게 관상하는 것은 참 어려운 일이다.

반대로 이기적인 마음가짐과 내재적으로 존재하는 자아가 있다고 여기는 착각은 우리 마음속에서 평화롭게 편히 잘 놀고 있다. 그런데도 이기심이 마치 스승이나 되는 듯이 귀의하고, 머리를 조아리며 기꺼이 우리 마음에 머물게 한다. 그 결과, 지금 우리가 어떤 상황에 처해 있는지 또 어떤 역경을 겪고 있는지를 보라. 부처님은 이기심을 가장 나쁜 적으로 여겼다. 부처님은 이기심과 싸워 깨달음을 얻었다. 카담파 스승들은 이렇게 말하곤 했다. "번뇌가 나를 완전히 짓이긴다 해도 지지 않고 번뇌를 물어뜯을 것이다." 스승들은 이기적인 마음가짐에 맞서며 이렇게 다짐했다. "내게 그 많은 고통을 가져온 것이 바로 너, 이기심이라는 것을 알기에 나 이제 너와 싸워 네 목을 부러뜨리고 말 것이다!"

이기심은 우리에게 내재적으로 존재하는 자아가 있다는 착각과 더불어 고통을 항상 불러왔다. 그래서 우리가 그토록 행복을 원하는 데도 불구하고 곤란과 불행, 고통을 겪는 것이다. 이것이 태초부터 우리가 처해 있던 곤경이다. 가끔은 우리가 천계天界에 환생을 했을지도, 때로는 신들의 왕으로 태어났을지도 모르겠다. 하지만 천계에서조차도 이기심과 변하지 않는 '나', 즉 내재적인 존재가 있다는 착각은 우리 마음속에서 태평스럽게 살고 있었을 것이다. 그래서 우리는 지속적인 평화, 영원한 행복을 누리지 못했다. 우리가 윤회 속에 남아 있는 동안에는 이기심과 '나'가 있다는 착각 때문에 영원한 평화와 행복을 누릴 수 없다.

이기심 때문에 우리는 거듭거듭 윤회를 한다. 우리가 일시적으로 평화와 행복을 즐긴다고 할지라도 우리 마음은 산만하고, 잘못된 길로 빠져들고, 그래서 악도에 떨어져 끊임없는 고통을 당한다. 수계를 받은 우리 같은 사람들은 스스로를 부처님의 제자라고 여기며 자신을 꽤 괜찮은 수행자라 생각할지도 모른다. 그러나 실제로는 여전히 이기적이고, 변하지 않는 '나'가 있다는 착각에서 벗어나지 못하고, 스스로를 매우 특별하다고 착각하고, 다른 사람들을 보호하는 척, 지켜 주는 척할지도 모른다. 이런 자만심이 우리를 악도에 떨어지게 할 것이다.

고통을 없애는 방법은 모든 현상에는 내재적 존재가 있지 않다는 것을 관찰하고, 이해하고, 명상하는 것이다. 모든 현상에 내재적 존재가 없다는 공성의 견해를 아주 중요하게 여긴다면 공덕을 쌓고, 윤회에서 벗어나서 결국은 깨달음에 이를 것이다. 그러자면 우선 스승의 설명을 잘 들어야 한다. 다음에는 그것을 익히고, 명상을 해야 한다. 수행 요점들을 이해하려고 노력하라. 이 모든 가르침을 훌륭한 설명으로, 훌륭한 조언으로 여기라. 단순한 지식은 소용이 없으며 실제로 끈기 있게 수행을 해야 한다. 이렇게 말하면 이미 안거 수행을 하고 있다고 말할지도 모르겠으나 그건 어쩌면 작은 방 안에서 적당히 휴식을 취하며 편안하게 지내는 것에 불과할지도 모른다. 그것은 끈기 있게 수행하는 것이 아니다. 끈기 있는 수행이란 성실하고 진지한 수행을 의미한다. 결가부좌를 하고 앉아 오랫동안 명상을 하는 사람들에 관한 이야기를 들은 적이 있다. 그들은 제자들에 대한 애정이 거의 없는 것 같았다. 마음은 일종의 중립 상태에 둔 것 같고, 다른 중생의 고통이나 행복에는 그다지 관심도 없는 것 같았다. 이것은 마음이 느슨한 상태에서 명상을 한 결과일 것이다. 명상을 할 때 마음이 너무 느슨해지면 명료함이나 감정이 없다. 그것이 아니라면 그들은 '무無'를 명상하고 있었는지도 모르겠다. 내재적 존재가 없다는 공성을 명상하는 것이 아니라 '아무것도 존재하지 않는다'는 무존재를 명상했는지도 모른다. 그래서 무감정한 것인지도 모르겠다.

우리가 수행을 한 결과로 타인의 평화와 고통에 무관심한 사람이 된다면 수행을 제대로 한 것이 아니다. 그러므로 명상을 할 때뿐만 아니라 명상이 끝난 다음에도 알아차림 — 정념正念, 정지正知 — 을 하면서 항상 세심하게 감각의 문을 지켜야 한다. 항상 마음을 지켜보라. 특히 보리심을 명상한다면 항상 타인의 미덕을 널리 알리고 칭찬하며 자신의 미덕은 숨기라. 강한 믿음을 기르고, 열 가지 도덕적인 행동

(십선十善)을 실천하라. 옳지 않은 생계 수단을 피하고, 모든 분란을 피하고, 경전의 의미를 익히며 명상하고, 세상에 존재하는 모든 중생의 안녕을 위해 일하라. 내가 매일 암송하는 샨티데바의 감동적인 기도문으로 이 강의를 마치겠다.

이 세상이 존재하는 한
중생이 존재하는 한
나 또한 여기에 머물러
모든 고통을 없애리라!

달라이 라마가 전하는 삶과 죽음의 기술

# 행복한 삶 그리고 고요한 죽음

초판 1쇄 발행 2022년 4월 20일
4쇄 발행 2025년 1월 10일

지은이　　　제14 대 달라이 라마 텐진 가쵸
옮긴이　　　주민황
디자인　　　류지혜

발행처　　　하루헌
발행인　　　배정화
주소　　　　서울시 서초구 방배로 43길 5 1-1208 (우편번호: 06556)
전화　　　　02-591-0057
이메일　　　haruhunbooks@gmail.com

공급처　　　(주)북새통
주소　　　　서울시 마포구 월드컵로 36길 18 삼라마이다스 902호 (우편번호: 03938)
전화　　　　02-338-0117
팩스　　　　02-338-7160
이메일　　　thothbook@naver.com

잘못된 책은 구입하신 곳에서 교환해 드립니다.
가격은 뒤표지에 있습니다.

ISBN　　　979-11-962611-6-0  03220